CARRÉS CLASSIQUES

Collection LYCÉE dirigée par
Sophie Pailloux-Riggi
Agrégée de Lettres modernes

Charles Baudelaire

Tableaux parisiens

Les Fleurs du mal

1861

texte intégral

Édition présentée par
Laure Blanc-Halévy
Agrégée de Lettres modernes

Nathan

sommaire

Contextes

Biographie
Qui est Charles Baudelaire en 1861 ? 4

Contexte historique et culturel
Une époque troublée 6

Contexte littéraire
L'invention de la modernité poétique ? 8

Lire *Tableaux parisiens*

Paysage (LXXXVI) 12
Le soleil (LXXXVII) 13
À une mendiante rousse (LXXXVIII) 14
Le cygne (LXXXIX) 16
Les sept vieillards (XC) 19
Les petites vieilles (XCI) 21
Les aveugles (XCII) 25
À une passante (XCIII) 26
Le squelette laboureur (XCIV) 27
Le crépuscule du soir (XCV) 28
Le jeu (XCVI) 30
Danse macabre (XXCVII) 31
L'amour du mensonge (XCVIII) 34
« *Je n'ai pas oublié, voisine de la ville…* » (XCIX) 35
« *La servante au grand cœur, dont vous étiez jalouse…* » (C) 36
Brumes et pluies (CI) 37
Rêve parisien (CII) 37
Le crépuscule du matin (CIII) 40

ISBN 978-2-09-189260-3

Dossier central images en couleurs

Relire *Tableaux parisiens*

■ Testez votre lecture 45

■ Structure de l'œuvre 46

■ Pauses lecture

1. « Paysage », un art poétique ? 48
2. Entre mythe antique et Paris moderne 50
3. Une rencontre fatale : entre amour et mort 53
4. Les charmes de l'horreur ? 55
5. La clôture des *Tableaux parisiens* : réveil ou agonie ? 59

■ Les thèmes de l'œuvre 62

■ Lectures transversales

1. Les exclus dans *Tableaux parisiens* : des doubles du poète ? 64
2. Paris : enfer ou paradis ? 66

BAC ■ Groupement de textes / Vers l'écrit du bac

Figures de l'exclusion en poésie 69

■ Analyse d'images

Poésie et peinture : deux versants de la modernité ? 74

■ L'œuvre en débat

Les Fleurs du mal sont-elles immorales ? 76

■ Question d'actualité

Comment écrire la ville aujourd'hui ? 83

■ Rencontre avec...

François Lemaire, artiste peintre 89

■ Lire et voir 92

sommaire

Qui est Charles Baudelaire en 1861 ?

Un écrivain condamné

En 1861, Charles Baudelaire a quarante ans. Il se remet d'un procès retentissant mené contre son œuvre (voir « l'Œuvre en débat », p. 76). En effet, quelques mois après leur parution en juin 1857, en raison d'un parti-pris esthétique polémique (tirer la beauté de la laideur et du mal), *Les Fleurs du mal* sont l'objet de vives attaques qui vont mener le poète devant les tribunaux. Baudelaire perd le procès et est condamné pour outrage à la morale. La seconde édition de 1861, expurgée des pièces considérées comme immorales, intégrera une nouvelle section : *Tableaux parisiens*.

> ***« Un poète condamné pour immoralité. »***

Un critique d'art

Baudelaire est aussi un critique d'art reconnu. Il propose régulièrement des comptes-rendus de ce que l'on nomme les « salons », expositions annuelles d'artistes contemporains. Il y rencontre ceux qui créent la peinture de son temps. Lui, l'admirateur et le défenseur passionné du peintre romantique Delacroix est subjugué par un jeune artiste : Constantin Guys. Il rédigera son éloge dans un texte désormais célèbre : *Le Peintre de la vie moderne* (1863). Ce texte propose un véritable manifeste poétique de ce que représente le nouveau rapport du créateur au monde. Ce rapport est inédit car il intègre la ville, le mouvement, dans une poétique cherchant à « tirer l'éternel du transitoire ». En d'autres termes, l'artiste moderne, selon Baudelaire, est celui qui sait capter l'air du temps, en saisir l'essence. C'est cette vision que l'on retrouve dans *Tableaux parisiens*.

Un traducteur

Enfin, Baudelaire est traducteur. En 1847, il découvre les *Histoires extraordinaires* d'Edgar Allan Poe et semble reconnaître en l'auteur américain une âme sœur. Les deux écrivains ont en partage « l'étrangeté, qui est comme le condiment indispensable de toute beauté » (Baudelaire, *Notes nouvelles sur Edgar Poe*). À la fois poète, critique d'art et traducteur, Baudelaire se nourrit de ces différents arts pour créer.

La genèse de *Tableaux parisiens*

Tableaux parisiens comportent dix-huit poèmes. Huit poèmes figuraient déjà dans la première édition de 1857, section « Spleen et Idéal » (« Le soleil », « Brumes et pluies », « À une mendiante rousse », « Le jeu », « Le crépuscule du soir », « Le crépuscule du matin », « La servante au grand cœur dont vous étiez jalouse », « Je n'ai pas oublié... »).
En 1858-59, Baudelaire écrit de nouvelles pièces, qui seront parmi les plus célèbres. C'est aussi la période où sa carrière de critique a le plus d'influence sur son travail poétique.
En 1861 paraît donc la seconde édition comprenant la section *Tableaux parisiens*. Baudelaire a ajouté dix nouveaux poèmes qui font de lui le poète de Paris (« Paysage », « Le cygne », « Les sept vieillards », « Les petites vieilles », « Les aveugles », « À une passante », « Le squelette laboureur », « Danse macabre », « L'amour du mensonge », « Rêve parisien »).

Le doute et le découragement

Après 1861, Baudelaire connaît une période de doute et de découragement liée à la perte de l'inspiration, à l'incompréhension de ses contemporains et à la maladie. Le poète rencontre en outre de graves difficultés financières. Son projet d'épilogue en forme d'ode à Paris n'aboutira pas et ce seront les *Petits Poèmes en prose* qui mettront un point final à l'aventure des *Tableaux parisiens*. ■

« Après 1861, une période sombre. »

Baudelaire meurt le 31 août 1867, à Bruxelles.

Une époque troublée

Un siècle d'instabilité politique

Charles Baudelaire, né à Paris en 1821, connaît la Restauration, la monarchie de Juillet, la Seconde République et le Second Empire. Mais à la différence de certains de ses contemporains, comme Victor Hugo, il garde une certaine distance avec la politique.

Néanmoins, lorsqu'éclate la révolution de 1848 qui met fin à la monarchie de Juillet, on note sa présence sur les barricades des républicains qui ont appelé au soulèvement. Il devient même l'éphémère secrétaire de *La Tribune nationale*, journal républicain modéré entre avril et mai 1848. Mais il se désintéresse de la vie politique après le coup d'État de Louis-Napoléon Bonaparte en décembre 1851.

« Des troubles politiques... »

Le Second Empire connaît une première phase autoritaire : le nouvel empereur s'apparente davantage à un monarque concentrant les pouvoirs législatif et exécutif. On sait que Baudelaire détestait Napoléon III et l'idéologie liberticide de son régime. Cette détestation était réciproque, ce qui explique en partie la condamnation pour immoralité des *Fleurs du mal* en 1857.

Une recomposition sociale et architecturale

Les troubles politiques n'empêchent pas un développement technique et économique sans précédent : c'est l'avènement de la Révolution industrielle.

De nombreuses disciplines évoluent, comme la médecine (travaux de Pasteur), la biologie (théorie de l'évolution de Charles Darwin) ou encore les transports (démocratisation du chemin de fer, du bateau à vapeur et à la fin du siècle de l'automobile). Un tel développement entraîne une reconfiguration de l'espace urbain et social. Les villes prennent une ampleur inégalée et Paris passe de 550 000 habitants en 1800 à près d'un million en 1840. Cela ne va pas sans poser de graves problèmes de logement, de pauvreté et d'hygiène. Pour rivaliser avec Londres qui se modernise, Napoléon III fait alors appel au baron Haussmann qui a pour tache de transformer Paris en une capitale moderne.

Dès 1853, il fait raser les quartiers insalubres, construit de grandes avenues et privilégie les espaces verts. Le but est de juguler les épidémies qui se propagent, d'assainir la capitale, de la rendre aussi attractive que Londres et… de limiter les foyers insurrectionnels dans les quartiers enclavés. Baudelaire témoigne de cette restructuration urbaine dans *Tableaux parisiens*.

De la modernité historique à la modernité poétique

« Le vieux Paris n'est plus ! » regrette le poète dans « Le cygne. » Le progrès est, pour lui, détestable, car il signifie le triomphe d'une nouvelle bourgeoisie aux valeurs mercantiles. Son recueil cherche donc à peindre Paris à rebours des transformations qui la détruisent : le poète relie cette évolution de la ville à la marginalisation des figures qui hantent sa poésie. Ce choix fait écho à son sentiment d'éternel exil dans une ville qui est à la fois pour lui une source d'inspiration et un enfer. ■

« Un développement urbain sans précédent. »

Tableaux parisiens : *l'invention de la modernité poétique ?*

Les Fleurs du mal et le romantisme : entre héritage et émancipation

S'il revendique l'héritage romantique de Hugo et celui, parnassien, de Gautier, Baudelaire n'y voit qu'une étape vers sa propre définition de la poésie. L'idéal du poète est la quête d'un nouveau langage poétique. De même, le spleen n'est pas seulement le sentiment romantique d'être né à la mauvaise époque, c'est une angoisse métaphysique qui interroge Dieu, le mal, le péché, le temps. À la vérité, le poète est à la recherche d'une nouvelle manière de dire les tourments de l'âme humaine traversée par des désirs contraires. Dès lors, s'assemblent beauté et laideur, spleen et idéal, douceur et cruauté dans des évocations, qui choqueront certains de ses contemporains.

> *« La quête d'un nouveau langage poétique. »*

Tableaux parisiens : poésie et peinture

C'est aussi dans la rencontre avec la peinture que Baudelaire va trouver la réponse à son questionnement esthétique. Le choc viendra du peintre Constantin Guys qui lui inspire *Le Peintre de la vie moderne*. L'esthétique de la modernité est née.

1821
Naissance de Charles Baudelaire

Restauration 1815-1830	Monarchie de Juillet 1830-1848	Seconde République 1848-1852	
	1830 Trois Glorieuses	**1848** Journées révolutionnaires	**Décembre 1851** Coup d'État de Louis-Napoléon Bonaparte

contexte littéraire

Définie comme « le transitoire, le fugitif, le contingent, la moitié de l'art, dont l'autre est l'éternel et l'immuable », la modernité est la réponse baudelairienne à la question poétique. En ce sens, la section « Tableaux parisiens » occupe une place importante dans *Les Fleurs du mal*.

Mais la recherche poétique ne s'arrête pas pour autant. Le travail du vers a déjà commencé dans les poèmes dédiés à Victor Hugo où Baudelaire « casse » l'alexandrin à l'image des corps cassés des vieillards qu'il dépeint. Ailleurs, le vers s'émancipe discrètement du côté de la prose. Cette tendance s'affirme dans *Le Spleen de Paris*, autrement appelé *Petits poèmes en prose* (publication posthume en 1869) qui permet à Baudelaire de se libérer de la versification pour approcher une écriture du « fugitif ». Ce parcours poétique inspirera ses successeurs : « La plus grande gloire de Baudelaire est sans doute d'avoir engendré quelques très grands poètes. Ni Verlaine, ni Mallarmé, ni Rimbaud n'eussent-été ce qu'ils furent sans la lecture qu'ils firent des *Fleurs du mal* à l'âge décisif » (Paul Valéry, *Situation de Baudelaire*, 1924). ■

« Une écriture du "fugitif". »

	1857 *Les Fleurs du mal* (1re édition)	**1861** *Tableaux parisiens* (2e édition des *Fleurs du mal*)	**1863** *Le Peintre de la vie moderne*	**1867** Mort de Charles Baudelaire	**1869** *Petits Poèmes en prose* (posthume)

Second Empire 1852-1870

1856 Victor Hugo, *Les Contemplations*	**1857** Flaubert, *Madame Bovary*

« Les charmes de l'horreur n'enivrent que les forts ! »

Danse macabre

Lire…

Tableaux parisiens

1861

Charles Baudelaire

Texte intégral

PAYSAGE
(LXXXVI)

Je veux, pour composer chastement mes églogues[1],
Coucher auprès du ciel, comme les astrologues,
Et, voisin des clochers, écouter en rêvant
Leurs hymnes solennels emportés par le vent.
Les deux mains au menton, du haut de ma mansarde[2],
Je verrai l'atelier qui chante et qui bavarde ;
Les tuyaux, les clochers, ces mâts de la cité,
Et les grands ciels qui font rêver d'éternité.

Il est doux, à travers les brumes, de voir naître
L'étoile dans l'azur, la lampe à la fenêtre,
Les fleuves de charbon monter au firmament[3]
Et la lune verser son pâle enchantement.
Je verrai les printemps, les étés, les automnes ;
Et quand viendra l'hiver aux neiges monotones,
Je fermerai partout portières et volets
Pour bâtir dans la nuit mes féeriques palais.
Alors je rêverai des horizons bleuâtres,
Des jardins, des jets d'eau pleurant dans les albâtres[4]
Des baisers, des oiseaux chantant soir et matin,
Et tout ce que l'Idylle[5] a de plus enfantin.
L'Émeute[6], tempêtant vainement à ma vitre,
Ne fera pas lever mon front de mon pupitre[7] ;
Car je serai plongé dans cette volupté
D'évoquer le Printemps avec ma volonté,
De tirer un soleil de mon cœur, et de faire
De mes pensers brûlants une tiède atmosphère.

La ville en poésie

Avant Baudelaire, la ville est un lieu rarement décrit en poésie. Mais sous l'influence de la peinture, Baudelaire en fait un nouvel espace esthétique et poétique qui incarne parfaitement une certaine idée de la modernité. ■

1. Petits poèmes champêtres.
2. Chambre modeste aménagée sous les combles.
3. La voûte céleste.
4. Pierre très blanche. Ici, par métonymie, le pluriel désigne les coupes en albâtre qui recueillent l'eau.
5. Ici, à la fois, petit poème amoureux et amourette.
6. Soulèvement populaire, insurrection. Il s'agit peut-être d'une référence historique à la Révolution de février 1848 à l'origine de la Seconde République.
7. Table de travail.

LE SOLEIL
(LXXXVII)

Le long du vieux faubourg, où pendent aux masures[8]
Les persiennes, abri des secrètes luxures[9],
Quand le soleil cruel frappe à traits redoublés
Sur la ville et les champs, sur les toits et les blés,
Je vais m'exercer seul à ma fantasque escrime,
Flairant dans tous les coins les hasards de la rime,
Trébuchant sur les mots comme sur les pavés,
Heurtant parfois des vers depuis longtemps rêvés.

Ce père nourricier, ennemi des chloroses[10],
Éveille dans les champs les vers comme les roses ;
Il fait s'évaporer les soucis vers le ciel,
Et remplit les cerveaux et les ruches de miel.
C'est lui qui rajeunit les porteurs de béquilles
Et les rend gais et doux comme des jeunes filles,
Et commande aux moissons de croître et de mûrir
Dans le cœur immortel qui toujours veut fleurir !

Quand, ainsi qu'un poëte, il descend dans les villes,
Il ennoblit le sort des choses les plus viles,
Et s'introduit en roi, sans bruit et sans valets,
Dans tous les hôpitaux et dans tous les palais.

Le « je » poétique

Le « je » poétique traverse *Tableaux parisiens* comme un témoin en quête d'inspiration. Ce « je » qui déambule et observe sert de guide au lecteur dans ce Paris de la seconde moitié du XIXᵉ siècle. Au fil de ses pérégrinations, il s'identifie aux différents exclus qu'il rencontre. ■

8. Petites maisons misérables.
9. Plaisirs sexuels, connotés négativement.
10. Anémie par manque de fer, caractérisée par un grande pâleur.

La femme

La femme est omniprésente dans *Tableaux parisiens*. Mais il s'agit d'une nouvelle vision du féminin qui refuse les représentations traditionnelles, souvent idéalisées, au profit d'une beauté paradoxale, puisée dans la pauvreté, le vice, la vieillesse, la laideur et la mort. ■

À UNE MENDIANTE ROUSSE

(LXXXVIII)

Blanche fille aux cheveux roux,
Dont la robe par ses trous
Laisse voir la pauvreté
    Et la beauté,

Pour moi, poëte chétif[1],
Ton jeune corps maladif,
Plein de taches de rousseur,
    A sa douceur.

Tu portes plus galamment
Qu'une reine de roman
Ses cothurnes[2] de velours
    Tes sabots lourds.

Au lieu d'un haillon trop court,
Qu'un superbe habit de cour
Traîne à plis bruyants et longs
    Sur tes talons ;

En place de bas troués,
Que pour les yeux des roués[3]
Sur ta jambe un poignard d'or
    Reluise encor ;

Que des nœuds mal attachés
Dévoilent pour nos péchés
Tes deux beaux seins, radieux
    Comme des yeux ;

Ci-contre : Hughes Merle (1823-1881), *Une mendiante*, huile sur toile (1,1 × 0,81 m), musée d'Orsay, Paris.

1. Faible, maladif.
2. Chaussures montantes portées par les acteurs de tragédies dans l'Antiquité.
3. Personne rusée et sans scrupules.

Que pour te déshabiller
Tes bras se fassent prier
Et chassent à coups mutins[4]
Les doigts lutins[5],

Perles de la plus belle eau,
Sonnets de maître Belleau
Par tes galants mis aux fers[6]
Sans cesse offerts,

Valetaille[7] de rimeurs
Te dédiant leurs primeurs[8]
Et contemplant ton soulier
Sous l'escalier,

Maint page épris du hasard,
Maint seigneur et maint Ronsard[9]
Épieraient pour le déduit[10]
Ton frais réduit[11] !

Tu compterais dans tes lits
Plus de baisers que de lis
Et rangerais sous tes lois
Plus d'un Valois[12] !

– Cependant tu vas gueusant[13]
Quelque vieux débris gisant
Au seuil de quelque Véfour[14]
De carrefour ;

La Renaissance

Baudelaire pastiche ici la poésie de la Renaissance, qu'il affectionne : il cite des poètes de la Pléiade (Ronsard, Belleau), reprend la strophe, la forme typique du blason du corps féminin, les graphies (*poëte*, *encor*), les champs lexicaux (*rimeurs*, *page*, *seigneur*, *déduit*), à la rime équivoquée (*plus belle eau/Belleau*). ■

4. Vifs, espiègles.
5. Synonyme de *mutins*.
6. Par tes amants enchaînés.
7. Ensemble des valets d'une maison (*péjoratif*).
8. Caractère de ce qui est nouveau, ici : les nouvelles poésies à peine composées.
9. Poète français (1524-1585). De son vivant, il fut proclamé « prince des poètes ».
10. Mot ancien qui désigne le divertissement, le jeu amoureux.
11. Pièce de petite taille.
12. Rois de France de 1328 à 1589.
13. Mendiant.
14. Restaurant parisien.

Tu vas lorgnant en dessous
Des bijoux de vingt-neuf sous
Dont je ne puis, oh ! pardon !
Te faire don.

Va donc, sans autre ornement,
Parfum, perles, diamant,
Que ta maigre nudité,
Ô ma beauté !

Le cygne
(LXXXIX)

À Victor Hugo.

I

Andromaque, je pense à vous ! Ce petit fleuve,
Pauvre et triste miroir où jadis resplendit
L'immense majesté de vos douleurs de veuve,
Ce Simoïs[1] menteur qui par vos pleurs grandit,

A fécondé soudain ma mémoire fertile,
Comme je traversais le nouveau Carrousel[2].
Le vieux Paris n'est plus (la forme d'une ville
Change plus vite, hélas ! que le cœur d'un mortel) ;

Je ne vois qu'en esprit tout ce camp de baraques,
Ces tas de chapiteaux ébauchés et de fûts,
Les herbes, les gros blocs verdis par l'eau des flaques,
Et, brillant aux carreaux, le bric-à-brac confus.

Andromaque

Dans *L'Iliade* d'Homère, Andromaque est la femme d'Hector. À la mort de ce dernier et après la défaite des Troyens, elle est mariée à l'un des vainqueurs, Pyrrhus. Elle est présentée comme un modèle d'épouse et de mère, restée fidèle à la mémoire d'Hector. ■

1. Fleuve troyen.
2. Lieu qui remplace le quartier bohème du Doyenné, détruit en 1850, et vénéré par le poète, car les auteurs Gérard de Nerval et Théophile Gautier y ont habité.

Là s'étalait jadis une ménagerie ;
Là je vis, un matin, à l'heure où sous les cieux
Froids et clairs le Travail s'éveille, où la voirie
Pousse un sombre ouragan dans l'air silencieux,

Un cygne qui s'était évadé de sa cage,
Et, de ses pieds palmés frottant le pavé sec,
Sur le sol raboteux traînait son blanc plumage.
Près d'un ruisseau sans eau la bête ouvrant le bec

Baignait nerveusement ses ailes dans la poudre,
Et disait, le cœur plein de son beau lac natal :
« Eau, quand donc pleuvras-tu ? quand tonneras-tu,
[foudre ? »
Je vois ce malheureux, mythe étrange et fatal,

Vers le ciel quelquefois, comme l'homme d'Ovide[3],
Vers le ciel ironique et cruellement bleu,
Sur son cou convulsif tendant sa tête avide,
Comme s'il adressait des reproches à Dieu !

II

Paris change ! mais rien dans ma mélancolie
N'a bougé ! palais neufs, échafaudages, blocs,
Vieux faubourgs, tout pour moi devient allégorie[4],
Et mes chers souvenirs sont plus lourds que des rocs.

Aussi devant ce Louvre une image m'opprime :
Je pense à mon grand cygne, avec ses gestes fous,
Comme les exilés, ridicule et sublime,
Et rongé d'un désir sans trêve ! et puis à vous,

Paris, un enfer

En grand admirateur de *La Divine Comédie* de Dante, Baudelaire fait de Paris une ville infernale, peuplée de spectres, d'un « cortège infernal » (« Les sept vieillards ») et de squelettes (« Le squelette laboureur », « Danse macabre »). C'est une « cité de fange » (« Le crépuscule du soir ») où la Seine ressemble au Styx (« Le crépuscule du matin »). ■

3. Poète latin, auteur des *Métamorphoses*. L'homme d'Ovide dresse la tête vers le ciel alors que les animaux regardent par la terre. Le cygne est donc un mélange symbolique d'homme et d'animal qui emblématise le poète.
4. Figure de style qui représente une idée abstraite par une illustration concrète. Ici, l'architecture parisienne devient l'allégorie d'un « je » poétique partagé entre tradition et modernité.

Andromaque, des bras d'un grand époux tombée,
Vil bétail, sous la main du superbe Pyrrhus[1],
Auprès d'un tombeau vide en extase courbée ;
Veuve d'Hector, hélas ! et femme d'Hélénus[2] !

Je pense à la négresse, amaigrie et phthisique[3],
Piétinant dans la boue, et cherchant, l'œil hagard,
Les cocotiers absents de la superbe Afrique
Derrière la muraille immense du brouillard ;

À quiconque a perdu ce qui ne se retrouve
Jamais, jamais ! à ceux qui s'abreuvent de pleurs
Et tettent la Douleur comme une bonne louve !
Aux maigres orphelins séchant comme des fleurs !

Ainsi dans la forêt où mon esprit s'exile
Un vieux Souvenir sonne à plein souffle du cor !
Je pense aux matelots oubliés dans une île,
Aux captifs, aux vaincus !... à bien d'autres encor !

1. Le second époux, grec, d'Andromaque, la Troyenne.
2. Troisième époux d'Andromaque, frère de son premier mari, Hector.
3. Atteinte de tuberculose.

Les sept vieillards
(XC)

À Victor Hugo.

Fourmillante cité, cité pleine de rêves,
Où le spectre en plein jour raccroche le passant !
Les mystères partout coulent comme des sèves
Dans les canaux étroits du colosse puissant.

Un matin, cependant que dans la triste rue
Les maisons, dont la brume allongeait la hauteur,
Simulaient les deux quais d'une rivière accrue,
Et que, décor semblable à l'âme de l'acteur,

Un brouillard sale et jaune inondait tout l'espace,
Je suivais, roidissant[4] mes nerfs comme un héros
Et discutant avec mon âme déjà lasse,
Le faubourg secoué par les lourds tombereaux[5].

Tout à coup, un vieillard dont les guenilles[6] jaunes
Imitaient la couleur de ce ciel pluvieux,
Et dont l'aspect aurait fait pleuvoir les aumônes,
Sans la méchanceté qui luisait dans ses yeux,

M'apparut. On eût dit sa prunelle trempée
Dans le fiel[7] ; son regard aiguisait les frimas[8],
Et sa barbe à longs poils, roide comme une épée,
Se projetait, pareille à celle de Judas[9].

4. Raidissant.
5. Voitures qui transportent de lourdes charges.
6. Vêtements en lambeaux.
7. Bile des animaux. Au sens figuré : amertume.
8. Brouillard froid.
9. Apôtre de Jésus qui le trahit et facilita son arrestation.

Il n'était pas voûté, mais cassé, son échine
Faisant avec sa jambe un parfait angle droit,
Si bien que son bâton, parachevant sa mine,
Lui donnait la tournure et le pas maladroit

D'un quadrupède infirme ou d'un juif à trois pattes[1].
Dans la neige et la boue il allait s'empêtrant,
Comme s'il écrasait des morts sous ses savates,
Hostile à l'univers plutôt qu'indifférent.

Son pareil le suivait : barbe, œil, dos, bâton, loques,
Nul trait ne distinguait, du même enfer venu,
Ce jumeau centenaire, et ces spectres baroques
Marchaient du même pas vers un but inconnu.

À quel complot infâme étais-je donc en butte,
Ou quel méchant hasard ainsi m'humiliait ?
Car je comptai sept fois, de minute en minute,
Ce sinistre vieillard qui se multipliait !

Que celui-là qui rit de mon inquiétude,
Et qui n'est pas saisi d'un frisson fraternel,
Songe bien que malgré tant de décrépitude
Ces sept monstres hideux avaient l'air éternel !

Aurais-je, sans mourir, contemplé le huitième,
Sosie inexorable, ironique et fatal,
Dégoûtant Phénix[2], fils et père de lui-même ?
– Mais je tournai le dos au cortège infernal.

1. Deux figures d'exclus : l'animal avec une patte cassée et le juif errant marchant avec une canne.
2. Oiseau fabuleux qui renaît de ses cendres.

Exaspéré comme un ivrogne qui voit double,
Je rentrai, je fermai ma porte, épouvanté,
Malade et morfondu[3], l'esprit fiévreux et trouble,
Blessé par le mystère et par l'absurdité !

Vainement ma raison voulait prendre la barre ;
La tempête en jouant déroutait ses efforts,
Et mon âme dansait, dansait, vieille gabarre[4]
Sans mâts, sur une mer monstrueuse et sans bords !

LES PETITES VIEILLES
(XCI)

À Victor Hugo.

I

Dans les plis sinueux des vieilles capitales,
Où tout, même l'horreur, tourne aux enchantements,
Je guette, obéissant à mes humeurs fatales,
Des êtres singuliers, décrépits[5] et charmants.

Ces monstres disloqués furent jadis des femmes,
Éponine ou Laïs[6] ! Monstres brisés, bossus
Ou tordus, aimons-les ! ce sont encor des âmes.
Sous des jupons troués et sous de froids tissus

Ils rampent, flagellés par les bises iniques[7],
Frémissant au fracas roulant des omnibus,
Et serrant sur leur flanc, ainsi que des reliques,
Un petit sac brodé de fleurs ou de rébus ;

3. Ennuyé d'avoir attendu.
4. Embarcation plate pour transporter des marchandises.
5. Vieux, usés.
6. Deux figures féminines opposées : Éponine est une Gauloise qui soutint son mari contre les Romains et le suivit dans la mort. C'est l'image de l'épouse modèle. Laïs est une courtisane de l'Antiquité. C'est l'image de la luxure.
7. Injustes.

Ils trottent, tout pareils à des marionnettes ;
Se traînent, comme font les animaux blessés,
Ou dansent, sans vouloir danser, pauvres sonnettes
Où se pend un Démon sans pitié ! Tout cassés

Qu'ils sont, ils ont des yeux perçants comme une vrille[1],
Luisants comme ces trous où l'eau dort dans la nuit ;
Ils ont les yeux divins de la petite fille
Qui s'étonne et qui rit à tout ce qui reluit.

– Avez-vous observé que maints cercueils de vieilles
Sont presque aussi petits que celui d'un enfant ?
La Mort savante met dans ces bières[2] pareilles
Un symbole d'un goût bizarre et captivant,

Et lorsque j'entrevois un fantôme débile[3]
Traversant de Paris le fourmillant tableau,
Il me semble toujours que cet être fragile
S'en va tout doucement vers un nouveau berceau ;

À moins que, méditant sur la géométrie,
Je ne cherche, à l'aspect de ces membres discords[4],
Combien de fois il faut que l'ouvrier varie
La forme de la boîte où l'on met tous ces corps.

– Ces yeux sont des puits faits d'un million de larmes,
Des creusets qu'un métal refroidi pailleta…
Ces yeux mystérieux ont d'invincibles charmes
Pour celui que l'austère Infortune allaita !

Le Paris d'Haussmann

C'est en 1853 que Napoléon III confie au baron Haussmann la mission d'assainir et d'embellir Paris pour concurrencer Londres. Les grandes avenues ouvrent des perspectives dans le tissu urbain très dense, les parcs et bois ventilent la ville et rendent la circulation plus facile. Certains ont critiqué la brutalité des expropriations et la spéculation financière suscitée par son projet. ■

1. Outil formé d'une tige qui transperce.
2. Cercueils.
3. Faible.
4. Discordants, qui ne sont pas accordés.

II

De Frascati défunt Vestale enamourée[5] ;
Prêtresse de Thalie[6], hélas ! dont le souffleur
Enterré sait le nom ; célèbre évaporée
Que Tivoli[7] jadis ombragea dans sa fleur,

Toutes m'enivrent ! mais parmi ces êtres frêles
Il en est qui, faisant de la douleur un miel,
Ont dit au Dévouement qui leur prêtait ses ailes :
Hippogriffe[8] puissant, mène-moi jusqu'au ciel !

L'une, par sa patrie au malheur exercée,
L'autre, que son époux surchargea de douleurs,
L'autre, par son enfant Madone transpercée,
Toutes auraient pu faire un fleuve avec leurs pleurs !

III

Ah ! que j'en ai suivi de ces petites vieilles !
Une, entre autres, à l'heure où le soleil tombant
Ensanglante le ciel de blessures vermeilles,
Pensive, s'asseyait à l'écart sur un banc,

Pour entendre un de ces concerts, riches de cuivre,
Dont les soldats parfois inondent nos jardins,
Et qui, dans ces soirs d'or où l'on se sent revivre,
Versent quelque héroïsme au cœur des citadins.

Celle-là, droite encor, fière et sentant la règle,
Humait avidement ce chant vif et guerrier ;
Son œil parfois s'ouvrait comme l'œil d'un vieil aigle ;
Son front de marbre avait l'air fait pour le laurier[9] !

5. Le poète joue sur le double sens du mot *Frascati* : ville d'art italienne et café parisien à la réputation sulfureuse, démoli en 1857. La vestale étant une prêtresse antique caractérisée par sa chasteté, elle ne trouve pas sa place au café Frascati !
6. Muse de la comédie.
7. Jeu de mots entre la ville italienne où se trouvait le temple de la sibylle tiburtine et une salle de spectacle parisienne. Ces doubles sens sont au service d'une ironie ravageuse aux dépens des petites vieilles.
8. Animal fabuleux, mi-cheval, mi-griffon.
9. Symbole de la victoire et de la gloire poétique.

Hans Baldung, dit Grien (1484-1545), *Marche à la mort*, huile sur toile, musée des Beaux-Arts, Rennes.

IV

Telles vous cheminez, stoïques[1] et sans plaintes,
À travers le chaos des vivantes cités,
Mères au cœur saignant, courtisanes ou saintes,
Dont autrefois les noms par tous étaient cités.

Vous qui fûtes la grâce ou qui fûtes la gloire,
Nul ne vous reconnaît ! un ivrogne incivil
Vous insulte en passant d'un amour dérisoire ;
Sur vos talons gambade un enfant lâche et vil.

Honteuses d'exister, ombres ratatinées,
Peureuses, le dos bas, vous côtoyez les murs ;
Et nul ne vous salue, étranges destinées !
Débris d'humanité pour l'éternité mûrs !

Mais moi, moi qui de loin tendrement vous surveille,
L'œil inquiet, fixé sur vos pas incertains,
Tout comme si j'étais votre père, ô merveille !
Je goûte à votre insu des plaisirs clandestins :

Je vois s'épanouir vos passions novices ;
Sombres ou lumineux, je vis vos jours perdus ;
Mon cœur multiplié jouit de tous vos vices !
Mon âme resplendit de toutes vos vertus !

Ruines ! ma famille ! ô cerveaux congénères !
Je vous fais chaque soir un solennel adieu !
Où serez-vous demain, Èves octogénaires,
Sur qui pèse la griffe effroyable de Dieu ?

1. Courageuses.

Les aveugles
(XCII)

Contemple-les, mon âme ; ils sont vraiment affreux !
Pareils aux mannequins ; vaguement ridicules ;
Terribles, singuliers comme les somnambules ;
Dardant on ne sait où leurs globes ténébreux.

Leurs yeux, d'où la divine étincelle est partie,
Comme s'ils regardaient au loin, restent levés
Au ciel ; on ne les voit jamais vers les pavés
Pencher rêveusement leur tête appesantie.

Ils traversent ainsi le noir illimité,
Ce frère du silence éternel. Ô cité !
Pendant qu'autour de nous tu chantes, ris et beugles,

Éprise du plaisir jusqu'à l'atrocité,
Vois ! je me traîne aussi ! mais, plus qu'eux hébété,
Je dis : Que cherchent-ils au Ciel, tous ces aveugles ?

Ci-contre : Pieter Brueghel, dit l'Ancien (1525-1569), *Les Aveugles*, 1568, détrempe sur toile (0,86 × 1,54 m), musée di Capodimonte, Naples.

À UNE PASSANTE
(XCIII)

La rue assourdissante autour de moi hurlait.
Longue, mince, en grand deuil, douleur majestueuse,
Une femme passa, d'une main fastueuse
Soulevant, balançant le feston et l'ourlet ;

Agile et noble, avec sa jambe de statue.
Moi, je buvais, crispé comme un extravagant,
Dans son œil, ciel livide où germe l'ouragan,
La douceur qui fascine et le plaisir qui tue.

Un éclair… puis la nuit ! – Fugitive beauté
Dont le regard m'a fait soudainement renaître,
Ne te verrai-je plus que dans l'éternité ?

Ailleurs, bien loin d'ici ! trop tard ! *jamais* peut-être !
Car j'ignore où tu fuis, tu ne sais où je vais,
Ô toi que j'eusse aimée, ô toi qui le savais !

Entre tradition et modernité

La célébrité de ce poème tient à l'alliance de la tradition (visible dans le choix du sonnet : forme héritée de la poésie médiévale de l'Italien Pétrarque et de la poésie française du XVIe siècle) et de la modernité (au fil de thématiques comme la rue, la ville, le moment fugitif). ■

Ci-contre : Constantin Guys (1802-1892), *Dans la rue*, huile sur toile (24 × 32,5 cm), musée d'Orsay, Paris.

LE SQUELETTE LABOUREUR

(XCIV)

I

Dans les planches d'anatomie
Qui traînent sur ces quais poudreux[1]
Où maint livre cadavéreux
Dort comme une antique momie,

Dessins auxquels la gravité
Et le savoir d'un vieil artiste,
Bien que le sujet en soit triste,
Ont communiqué la Beauté,

On voit, ce qui rend plus complètes
Ces mystérieuses horreurs,
Bêchant comme des laboureurs,
Des Écorchés[2] et des Squelettes.

II

De ce terrain que vous fouillez,
Manants[3] résignés et funèbres,
De tout l'effort de vos vertèbres,
Ou de vos muscles dépouillés,

Dites, quelle moisson étrange,
Forçats arrachés au charnier,
Tirez-vous, et de quel fermier
Avez-vous à remplir la grange ?

1. Il s'agit des quais de Seine où se trouvent les bouquinistes, vendeurs de livres d'occasion.
2. Dessin d'un animal ou d'un homme, dépouillé de sa peau, qui sert aux élèves des Beaux-Arts pour étudier l'anatomie.
3. Paysans, rustres (*péjoratif*).

Voulez-vous (d'un destin trop dur
Épouvantable et clair emblème !)
Montrer que dans la fosse même
Le sommeil promis n'est pas sûr ;

Qu'envers nous le Néant est traître ;
Que tout, même la Mort, nous ment,
Et que sempiternellement[1],
Hélas ! il nous faudra peut-être

Dans quelque pays inconnu
Écorcher la terre revêche
Et pousser une lourde bêche
Sous notre pied sanglant et nu ?

LE CRÉPUSCULE DU SOIR
(XCV)

Voici le soir charmant, ami du criminel ;
Il vient comme un complice, à pas de loup ; le ciel
Se ferme lentement comme une grande alcôve,
Et l'homme impatient se change en bête fauve.

Ô soir, aimable soir, désiré par celui
Dont les bras, sans mentir, peuvent dire : Aujourd'hui
Nous avons travaillé ! – C'est le soir qui soulage
Les esprits que dévore une douleur sauvage,
Le savant obstiné dont le front s'alourdit,

1. Éternellement.

Et l'ouvrier courbé qui regagne son lit.
Cependant des démons malsains dans l'atmosphère
S'éveillent lourdement, comme des gens d'affaire,
Et cognent en volant les volets et l'auvent.
À travers les lueurs que tourmente le vent
La Prostitution s'allume dans les rues ;
Comme une fourmilière elle ouvre ses issues ;
Partout elle se fraye un occulte chemin,
Ainsi que l'ennemi qui tente un coup de main ;
Elle remue au sein de la cité de fange[2]
Comme un ver qui dérobe à l'Homme ce qu'il mange.
On entend çà et là les cuisines siffler,
Les théâtres glapir, les orchestres ronfler ;
Les tables d'hôte, dont le jeu fait les délices,
S'emplissent de catins[3] et d'escrocs, leurs complices,
Et les voleurs, qui n'ont ni trêve ni merci[4],
Vont bientôt commencer leur travail, eux aussi,
Et forcer doucement les portes et les caisses
Pour vivre quelques jours et vêtir leurs maîtresses.

Recueille-toi, mon âme, en ce grave moment,
Et ferme ton oreille à ce rugissement.
C'est l'heure où les douleurs des malades s'aigrissent !
La sombre Nuit les prend à la gorge ; ils finissent
Leur destinée et vont vers le gouffre commun ;
L'hôpital se remplit de leurs soupirs. – Plus d'un
Ne viendra plus chercher la soupe parfumée,
Au coin du feu, le soir, auprès d'une âme aimée.

Encore la plupart n'ont-ils jamais connu
La douceur du foyer et n'ont jamais vécu !

La mort

À l'opposé du traitement traditionnel de la mort en poésie qui constitue souvent une menace terrible, le poète choisit de trouver dans la mort une ivresse, comme si la beauté naissait de l'effroi et de la répugnance. « Les charmes de l'horreur n'enivrent que les forts » (v. 36, p. 32) et l'inspiration naît de l'étrangeté et du bizarre. ■

2. Boue.
3. Prostituées (*péjoratif*).
4. Pitié (*vieilli*).

Le jeu
(XCVI)

Dans des fauteuils fanés des courtisanes vieilles,
Pâles, le sourcil peint, l'œil câlin et fatal,
Minaudant[1], et faisant de leurs maigres oreilles
Tomber un cliquetis de pierre et de métal ;

Autour des verts tapis des visages sans lèvre,
Des lèvres sans couleur, des mâchoires sans dent,
Et des doigts convulsés d'une infernale fièvre,
Fouillant la poche vide ou le sein palpitant ;

Sous de sales plafonds un rang de pâles lustres
Et d'énormes quinquets[2] projetant leurs lueurs
Sur des fronts ténébreux de poëtes illustres
Qui viennent gaspiller leurs sanglantes sueurs ;

Voilà le noir tableau qu'en un rêve nocturne
Je vis se dérouler sous mon œil clairvoyant.
Moi-même, dans un coin de l'antre taciturne[3],
Je me vis accoudé, froid, muet, enviant,

Enviant de ces gens la passion tenace,
De ces vieilles putains la funèbre gaieté,
Et tous gaillardement trafiquant à ma face,
L'un de son vieil honneur, l'autre de sa beauté !

Et mon cœur s'effraya d'envier maint pauvre homme
Courant avec ferveur à l'abîme béant,
Et qui, soûl de son sang, préférerait en somme
La douleur à la mort et l'enfer au néant !

1. Faisant des manières pour attirer l'attention.
2. Lampes à réservoir.
3. Caverne silencieuse.

Danse macabre
(XCVII)

À Ernest Christophe[4].

Fière, autant qu'un vivant, de sa noble stature,
Avec son gros bouquet, son mouchoir et ses gants,
Elle a la nonchalance et la désinvolture
D'une coquette maigre aux airs extravagants.

Vit-on jamais au bal une taille plus mince ?
Sa robe exagérée, en sa royale ampleur,
S'écroule abondamment sur un pied sec que pince
Un soulier pomponné, joli comme une fleur.

La ruche[5] qui se joue au bord des clavicules,
Comme un ruisseau lascif qui se frotte au rocher,
Défend pudiquement des lazzi[6] ridicules
Les funèbres appas[7] qu'elle tient à cacher.

Ses yeux profonds sont faits de vide et de ténèbres,
Et son crâne, de fleurs artistement coiffé,
Oscille mollement sur ses frêles vertèbres.
Ô charme d'un néant follement attifé[8] !

Aucuns[9] t'appelleront une caricature,
Qui ne comprennent pas, amants ivres de chair,
L'élégance sans nom de l'humaine armature.
Tu réponds, grand squelette, à mon goût le plus cher !

4. Sculpteur, français (1827-1892), ami de Baudelaire.
5. Bande de dentelle qui servait d'ornement.
6. Moqueries.
7. Attraits, charmes.
8. Habillé de façon ridicule.
9. Certains.

Viens-tu troubler, avec ta puissante grimace,
La fête de la Vie ? ou quelque vieux désir,
Éperonnant encor ta vivante carcasse,
Te pousse-t-il, crédule, au sabbat[1] du Plaisir ?

Au chant des violons, aux flammes des bougies,
Espères-tu chasser ton cauchemar moqueur,
Et viens-tu demander au torrent des orgies
De rafraîchir l'enfer allumé dans ton cœur ?

Inépuisable puits de sottise et de fautes !
De l'antique douleur éternel alambic[2] !
À travers le treillis[3] recourbé de tes côtes
Je vois, errant encor, l'insatiable aspic[4].

Pour dire vrai, je crains que ta coquetterie
Ne trouve pas un prix digne de ses efforts ;
Qui, de ces cœurs mortels, entend la raillerie ?
Les charmes de l'horreur n'enivrent que les forts !

Le gouffre de tes yeux, plein d'horribles pensées,
Exhale le vertige, et les danseurs prudents
Ne contempleront pas sans d'amères nausées
Le sourire éternel de tes trente-deux dents.

Pourtant, qui n'a serré dans ses bras un squelette,
Et qui ne s'est nourri des choses du tombeau ?
Qu'importe le parfum, l'habit ou la toilette ?
Qui fait le dégoûté montre qu'il se croit beau.

1. Agitation frénétique, voire infernale.
2. Appareil servant à la distillation.
3. Entrecroisement de fils métalliques.
4. Vipère.

Bayadère[5] sans nez, irrésistible gouge[6],
Dis donc à ces danseurs qui font les offusqués :
« Fiers mignons, malgré l'art des poudres et du rouge,
Vous sentez tous la mort ! Ô squelettes musqués[7],

Antinoüs[8] flétris, dandys[9] à face glabre[10],
Cadavres vernissés[11], lovelaces[12] chenus[13],
Le branle[14] universel de la danse macabre
Vous entraîne en des lieux qui ne sont pas connus !

Des quais froids de la Seine aux bords brûlants du Gange[15],
Le troupeau mortel saute et se pâme, sans voir
Dans un trou du plafond la trompette de l'Ange
Sinistrement béante ainsi qu'un tromblon[16] noir.

En tout climat, sous tout soleil, la Mort t'admire
En tes contorsions, risible Humanité,
Et souvent, comme toi, se parfumant de myrrhe[17],
Mêle son ironie à ton insanité[18] ! »

Danse des morts, fresque de l'église de La Chaise-Dieu, dessin, 1831, BNF, Paris.

5. Danseuse sacrée de l'Inde.
6. *Ici*, prostituée.
7. D'un parfum très odorant, d'origine animale.
8. Jeune homme célèbre pour sa beauté (IIe s.) connu pour avoir été le favori de l'empereur Hadrien.
9. Personnage du XIXe siècle qui revendique une suprême élégance. Baudelaire, souvent qualifié de dandy, donne au terme un sens plus spirituel qu'esthétique.
10. Sans poils.
11. Brillants.
12. Personnage de roman, synonyme de *séducteur* et de *libertin*.
13. Aux cheveux blanchis.
14. Balancement.
15. Fleuve indien.
16. Arme à feu.
17. Résine aromatique.
18. Folie et ineptie.

L'AMOUR DU MENSONGE
(XCVIII)

Quand je te vois passer, ô ma chère indolente,
Au chant des instruments qui se brise au plafond
Suspendant ton allure harmonieuse et lente,
Et promenant l'ennui de ton regard profond ;

Quand je contemple, aux feux du gaz qui le colore,
Ton front pâle, embelli par un morbide attrait,
Où les torches du soir allument une aurore,
Et tes yeux attirants comme ceux d'un portrait,

Je me dis : Qu'elle est belle ! et bizarrement fraîche !
Le souvenir massif, royale et lourde tour,
La couronne, et son cœur, meurtri comme une pêche,
Est mûr, comme son corps, pour le savant amour.

Es-tu le fruit d'automne aux saveurs souveraines ?
Es-tu vase funèbre attendant quelques pleurs,
Parfum qui fait rêver aux oasis lointaines,
Oreiller caressant, ou corbeille de fleurs ?

Je sais qu'il est des yeux, des plus mélancoliques,
Qui ne recèlent point de secrets précieux ;
Beaux écrins sans joyaux, médaillons sans reliques,
Plus vides, plus profonds que vous-mêmes, ô Cieux !

Mais ne suffit-il pas que tu sois l'apparence,
Pour réjouir un cœur qui fuit la vérité ?
Qu'importe ta bêtise ou ton indifférence ?
Masque ou décor, salut ! J'adore ta beauté.

« *Je n'ai pas oublié, voisine de la ville...* »
(XCIX)

Je n'ai pas oublié, voisine de la ville,
Notre blanche maison, petite mais tranquille ;
Sa Pomone[1] de plâtre et sa vieille Vénus
Dans un bosquet chétif cachant leurs membres nus,
Et le soleil, le soir, ruisselant et superbe,
Qui, derrière la vitre où se brisait sa gerbe,
Semblait, grand œil ouvert dans le ciel curieux,
Contempler nos dîners longs et silencieux,
Répandant largement ses beaux reflets de cierge
Sur la nappe frugale et les rideaux de serge[2].

L'inspiration autobiographique

Par leur caractère très personnel, les poèmes XCIX et C (p. 36) détonent. Il s'agit d'une évocation nostalgique de souvenirs d'enfance de Baudelaire avec sa mère. Cette dernière habita avec son fils une petite maison alors située à Neuilly (voir p. 68). ■

Patrick William Adam (1854-1929), *La Salle à manger*, 1916, huile sur toile (76,2 × 94 cm), coll. part.

1. Nymphe des jardins.
2. Tissu en laine.

« La servante au grand cœur, dont vous étiez jalouse... »

(C)

La servante au grand cœur dont vous étiez jalouse,
Et qui dort son sommeil sous une humble pelouse,
Nous devrions pourtant lui porter quelques fleurs.
Les morts, les pauvres morts, ont de grandes douleurs,
Et quand Octobre souffle, émondeur[1] des vieux arbres,
Son vent mélancolique à l'entour de leurs marbres,
Certe, ils doivent trouver les vivants bien ingrats,
À dormir, comme ils font, chaudement dans leurs draps,
Tandis que, dévorés de noires songeries,
Sans compagnon de lit, sans bonnes causeries,
Vieux squelettes gelés travaillés par le ver,
Ils sentent s'égoutter les neiges de l'hiver
Et le siècle couler, sans qu'amis ni famille
Remplacent les lambeaux qui pendent à leur grille.

Lorsque la bûche siffle et chante, si le soir,
Calme, dans le fauteuil je la voyais s'asseoir,
Si, par une nuit bleue et froide de décembre,
Je la trouvais tapie[2] en un coin de ma chambre,
Grave, et venant du fond de son lit éternel
Couver l'enfant grandi de son œil maternel,
Que pourrais-je répondre à cette âme pieuse,
Voyant tomber des pleurs de sa paupière creuse ?

1. Personne qui coupe les branches inutiles des arbres.
2. Cachée.

Brumes et pluies

(CI)

Ô fins d'automne, hivers, printemps trempés de boue,
Endormeuses saisons ! je vous aime et vous loue
D'envelopper ainsi mon cœur et mon cerveau
D'un linceul vaporeux et d'un vague tombeau.

Dans cette grande plaine où l'autan[3] froid se joue,
Où par les longues nuits la girouette s'enroue,
Mon âme mieux qu'au temps du tiède renouveau
Ouvrira largement ses ailes de corbeau.

Rien n'est plus doux au cœur plein de choses funèbres,
Et sur qui dès longtemps descendent les frimas,
Ô blafardes saisons, reines de nos climats,

Que l'aspect permanent de vos pâles ténèbres,
– Si ce n'est, par un soir sans lune, deux à deux,
D'endormir la douleur sur un lit hasardeux.

Rêve parisien

(CII)

À Constantin Guys[4].

I

De ce terrible paysage,
Tel que jamais mortel n'en vit,
Ce matin encore l'image,
Vague et lointaine, me ravit.

3. Vent orageux.
4. Peintre français (1802-1892) que Baudelaire considère comme un représentant de la modernité (v. p. 75).

Rêve parisien

Le sommeil est plein de miracles !
Par un caprice singulier,
J'avais banni de ces spectacles
Le végétal irrégulier,

Et, peintre fier de mon génie,
Je savourais dans mon tableau
L'enivrante monotonie
Du métal, du marbre et de l'eau.

Babel[1] d'escaliers et d'arcades,
C'était un palais infini,
Plein de bassins et de cascades
Tombant dans l'or mat ou bruni ;

Et des cataractes[2] pesantes,
Comme des rideaux de cristal,
Se suspendaient, éblouissantes,
À des murailles de métal.

Non d'arbres, mais de colonnades
Les étangs dormants s'entouraient,
Où de gigantesques naïades[3],
Comme des femmes, se miraient.

Des nappes d'eau s'épanchaient, bleues,
Entre des quais roses et verts,
Pendant des millions de lieues[4],
Vers les confins de l'univers ;

1. Dans la Bible, lieu du chaos et de la confusion des langues. Ici, enchevêtrement.
2. Cascades.
3. Divinités des rivières.
4. Ancienne unité de mesure.

C'étaient des pierres inouïes
Et des flots magiques ; c'étaient
D'immenses glaces éblouies
Par tout ce qu'elles reflétaient !

Insouciants et taciturnes,
Des Ganges, dans le firmament,
Versaient le trésor de leurs urnes
Dans des gouffres de diamant.

Architecte de mes féeries,
Je faisais, à ma volonté,
Sous un tunnel de pierreries
Passer un océan dompté ;

Et tout, même la couleur noire,
Semblait fourbi[5], clair, irisé ;
Le liquide enchâssait sa gloire
Dans le rayon cristallisé.

Nul astre d'ailleurs, nuls vestiges
De soleil, même au bas du ciel,
Pour illuminer ces prodiges,
Qui brillaient d'un feu personnel !

Et sur ces mouvantes merveilles
Planait (terrible nouveauté !
Tout pour l'œil, rien pour les oreilles !)
Un silence d'éternité.

5. Poli, astiqué.

II

En rouvrant mes yeux pleins de flamme
J'ai vu l'horreur de mon taudis,
Et senti, rentrant dans mon âme,
La pointe des soucis maudits ;

La pendule aux accents funèbres
Sonnait brutalement midi,
Et le ciel versait des ténèbres
Sur le triste monde engourdi.

Le crépuscule du matin

(CIII)

La diane[1] chantait dans les cours des casernes,
Et le vent du matin soufflait sur les lanternes[2].

C'était l'heure où l'essaim des rêves malfaisants
Tord sur leurs oreillers les bruns adolescents ;
Où, comme un œil sanglant qui palpite et qui bouge,
La lampe sur le jour fait une tache rouge ;
Où l'âme, sous le poids du corps revêche et lourd,
Imite les combats de la lampe et du jour.
Comme un visage en pleurs que les brises essuient,
L'air est plein du frisson des choses qui s'enfuient,
Et l'homme est las d'écrire et la femme d'aimer.

1. Sonnerie militaire jouée pour le réveil.
2. Ici, le mot *crépuscule* a un sens littéraire : « lueur qui précède le lever du soleil », synonyme d'*aube*, mais qui garde son côté obscur.

Les maisons çà et là commençaient à fumer.
Les femmes de plaisir, la paupière livide,
Bouche ouverte, dormaient de leur sommeil stupide ;
Les pauvresses, traînant leurs seins maigres et froids,
Soufflaient sur leurs tisons et soufflaient sur leurs doigts.
C'était l'heure où parmi le froid et la lésine[3]
S'aggravent les douleurs des femmes en gésine[4] ;
Comme un sanglot coupé par un sang écumeux
Le chant du coq au loin déchirait l'air brumeux ;
Une mer de brouillards baignait les édifices,
Et les agonisants dans le fond des hospices
Poussaient leur dernier râle en hoquets inégaux.
Les débauchés rentraient, brisés par leurs travaux.

L'aurore grelottante en robe rose et verte
S'avançait lentement sur la Seine déserte,
Et le sombre Paris, en se frottant les yeux,
Empoignait ses outils, vieillard laborieux.

3. Avarice.
4. En train d'accoucher.

« Paris change ! mais rien
dans ma mélancolie / n'a bougé ! »

« Le cygne »

Relire…

Tableaux parisiens

1861

Charles Baudelaire

Texte intégral

Louis Adolphe Hervier (1818-1879), *Rue de la Tonnellerie et rue du Contrat social*, dessins, musée Carnavalet, Paris.

Testez votre lecture

Tableaux parisiens dans *Les Fleurs du mal*

1 Quel est le sujet de *Tableaux parisiens* ?

2 Cette section est-elle présente dans la première édition des *Fleurs du mal* ?

Un parcours dans Paris

3 À quel moment de la journée ou de la nuit débute ce recueil ?

4 Quels monuments et quels lieux parisiens célèbres sont évoqués dans les poèmes ?

5 À quel moment de la journée ou de la nuit se clôt le recueil ?

Des figures de l'exclusion

6 Quelle est la première figure féminine rencontrée ?

7 Quelles sont les autres figures féminines présentes dans *Tableaux parisiens* ?

8 En quoi le cygne (poème LXXXIX – 89) est-il une figure de l'exil ?

9 Quels poèmes évoquent la vieillesse ?

10 Quels poèmes évoquent la mort ?

24 heures à Paris : une descente aux enfers en 18 tableaux ?

Titre	Poème	Descriptif
		Préambule
« Paysage »	LXXXVI (86)	Portrait du poète parisien dans sa mansarde. Mise en place du projet poétique : une évocation / transfiguration par l'écriture (« évoquer le Printemps avec ma volonté »).
		Matin
« Le soleil »	LXXXVII (87)	Le poète-marcheur sous le soleil matinal transfigure les laideurs de la ville.
« À une mendiante rousse »	LXXXVIII (88)	Première rencontre : une mendiante rousse, étrangement belle dans son dénuement.
« Le cygne »	LXXXIX (89)	Évocation d'Andromaque comme figure du deuil et parallèle avec la disparition du « vieux Paris » (« Le vieux Paris n'est plus »). Deuxième rencontre : le cygne, double du poète, lui aussi exilé dans un monde qui ne lui convient pas.
« Les sept vieillards »	XC (90)	Troisième rencontre : nouvelles figures de l'exclusion, cette fois par l'âge, tels « un cortège infernal ».
« Les petites vieilles »	XCI (91)	Quatrième rencontre, pendant féminin des sept vieillards. Elles représentent la figure du Temps qui passe et celle de la beauté disparue pour faire place à l'horreur (« Débris d'humanité pour l'éternité mûrs »).
« Les aveugles »	XCII (92)	Cinquième rencontre : les aveugles, doubles du poète en quête d'idéal.
« À une passante »	XCIII (93)	Sixième rencontre : une femme pressée, vision fugitive de l'amour comme mélange moderne d'érotisme et de mort.

« Le squelette laboureur »	XCIV (94)	Septième rencontre : chez les bouquinistes, sur les quais de Seine, le poète admire une planche d'anatomie.
	Nuit	
« Le crépuscule du soir »	XCV (95)	Arrivée du soir comme soulagement des opprimés. Paris devient « la cité de la fange » où le vice s'épanouit.
« Le jeu »	XCVI (96)	Tableau d'une maison de jeu et de ses débris humains.
« Danse macabre »	XCVII (97)	Huitième rencontre : la mort qui danse.
« L'amour du mensonge »	XCVIII (98)	Neuvième rencontre : la femme aux charmes artificiels et vénéneux.
« Je n'ai pas oublié, voisine de la ville… »	XCIX (99)	Évocation nostalgique d'une maison hors de la ville où le poète vécut autrefois.
« La servante au grand cœur dont vous étiez jalouse… »	C (100)	Évocation d'une servante dévouée et peu honorée après son décès.
« Brumes et pluies »	CI (101)	Ode aux saisons froides et pluvieuses qui s'accordent avec la mélancolie du poète.
« Rêve parisien »	CII (102)	Évocation d'un rêve féerique en totale opposition avec la réalité aperçue au réveil, celle d'un taudis ténébreux.
	Matin	
« Le crépuscule du matin »	CIII (103)	Tableau du réveil difficile de la ville après une nuit de débauche.

Pause lecture 1 Un art poétique ?

« Paysage », LXXXVI (86), p. 12

Retour au texte

1 • À quel endroit se situe le poète pour contempler Paris ?

2 • Recherchez le sens de l'expression *art poétique*.

Interprétations

Une ouverture étonnante

3 • Quel est le souhait formulé par le poète dans les premiers vers ? En quoi est-il étonnant ?

4 • Relevez le champ lexical de la vue. Peut-on parler de vision poétique ?

5 • Quelle transformation de l'inspiration a lieu au vers 14 ?

Un paysage d'un nouveau genre

6 • Relevez les éléments descriptifs du paysage aperçu par le « je » poétique.

7 • S'agit-il d'un paysage naturel ou urbain ? Expliquez en citant le poème.

8 • S'agit-il d'un paysage réel ou imaginaire ? Expliquez en citant le poème.

9 • Relisez les vers 21-22 : en quoi peut-on parler ici de refus de l'Histoire ?

Les pouvoirs de la poésie

10 • Quels pouvoirs de la poésie les vers 23-24 évoquent-ils ? Commentez la rime.

11 • Peut-on parler d'art poétique au sujet de ce poème ?

12 • Lisez le texte d'Henri Calet (ci-contre). En quoi peut-on dire que le point de vue surplombant sur Paris transforme le réel ?

Et vous ?

Expression écrite

Décrivez ce que vous voyez de votre fenêtre en transformant le réel à la manière d'un poète.

Vers l'oral du bac

1 **Question sur l'extrait étudié** – Quel regard le poète nous amène-t-il à poser dès l'ouverture du recueil sur les pouvoirs de la poésie ?

2 **Question sur l'ensemble des poèmes** – En quoi « Paysage » annonce-t-il les thématiques dominantes de *Tableaux parisiens* ?

Analyse d'images ▶ p. 74

La Petite Mendiante rousse

Émile Deroy (1820-1846), huile sur toile, (46 × 38 cm), vers 1843, musée du Louvre, Paris.

La Danse macabre : la chambrière et la mort

miniature, XVe s., BNF, Paris.

La Part du lion

Honoré Daumier (1808-1879),
lithographie (1840),
maison de Balzac, Paris

Femme (capeline et mantelet)

Constantin Guys (1802-1892),
dessin et aquarelle, musée Carnavalet, Paris.

Texte • Henri Calet, *De ma lucarne* (1945-1955)

Journaliste et écrivain, Henri Calet (1904-1956) fait du Paris populaire d'après-guerre le thème central de son livre De ma lucarne.

Pourquoi s'en aller au loin ? À Ménilmontant, à Belleville ? Pourquoi s'écarter de chez soi quand on a une ville entière à domicile ?

J'habite au huitième étage parmi les moineaux, les pigeons, les avions de passage et, du printemps à l'été, parmi les hirondelles et les ramoneurs qui se téléphonent de l'un à l'autre par les cheminées : « Hohé ! ».

De ma lucarne, c'est un beau spectacle à l'œil nu : j'ai vue sur Paris depuis le mont Valérien, à bâbord, jusqu'à l'observatoire de Montsouris, à tribord. Oui je crois parfois que je navigue lentement à travers les dômes, les flèches, les tours, les coupoles, les toits, les siècles, le gris des brumes, des fumées, du zinc et de l'ardoise. Le gris est la teinte dominante, mais un gris nuancé à l'extrême. [...]

René-Jacques (1908-2003), *Panorama des toits de Paris depuis le restaurant « La Tour d'Argent », quai de la Tournelle*, Paris, bibliothèque historique de la Ville de Paris.

Pause lecture 2 — Entre mythe antique et Paris moderne ?

« Le cygne », LXXXIX (89), p. 16-18

Retour au texte

1 • Qui est Andromaque ?

Interprétations

Le passé mythologique

2 • Lisez le vers 1. Comment le personnage d'Andromaque est-il mis en valeur par la versification ?

3 • Relevez les différentes allusions à la mythologie dans les vers 1 à 28. Quel rôle jouent-elles ?

4 • Commentez les propos du cygne. Quel sens donnez-vous ici au verbe *pleuvoir* (v. 23) ?

Paris au présent

5 • Quelle nouvelle inspiration prend le relais dans la seconde partie (p. 17-18) ?

6 • Quels personnages sont évoqués dans la seconde partie ? Quel est leur point commun ?

7 • Lisez le texte 1 ci-contre. Quelle différence voyez-vous dans la manière d'envisager le Paris moderne chez Apollinaire ?

Entre passé et présent

8 • Comment expliquez-vous le retour à l'évocation du cygne et d'Andromaque dans la seconde partie du poème ?

9 • Relevez dans tout le poème les marques de la première personne et les verbes qui les accompagnent. Que constatez-vous ?

10 • Caractérisez la tonalité du poème.

11 • Lisez « L'Albatros » (texte 2, p. 52). En quoi peut-on dire que « Le cygne » et « L'Albatros » mettent en scène des doubles du poète ?

Et vous ?

Expression orale

Quel oiseau vous représenterait le mieux ? Pourquoi ? Argumentez votre réponse.

Vers l'oral du bac

1 **Question sur l'extrait étudié –** De quels textes antiques le poète s'inspire-t-il pour rédiger « Le cygne ». Que lui apportent-ils ?

2 **Question sur l'ensemble des poèmes –** Quelles sont les différentes figures qui symbolisent le poète dans l'ensemble du recueil ?

Texte 1 • Guillaume Apollinaire, *Alcools*, 1913

Guillaume Apollinaire (1880-1918) est un des poètes majeurs du XXe siècle. Actif dans de nombreuses avant-gardes, comme le cubisme ou le surréalisme dont il inventa le nom, il est témoin de son siècle et multiplie les expériences poétiques qui explorent le monde moderne.

Zone
À la fin tu es las de ce monde ancien

Bergère ô tour Eiffel le troupeau des ponts bêle ce matin

Tu en as assez de vivre dans l'antiquité grecque et romaine

Ici même les automobiles ont l'air d'être anciennes
La religion seule est restée toute neuve la religion
Est restée simple comme les hangars de Port-Aviation

Seul en Europe tu n'es pas antique ô Christianisme
L'Européen le plus moderne c'est vous Pape Pie X
Et toi que les fenêtres observent la honte te retient
D'entrer dans une église et de t'y confesser ce matin
Tu lis les prospectus les catalogues les affiches qui chantent tout haut
Voilà la poésie ce matin et pour la prose il y a les journaux
Il y a les livraisons à 25 centimes pleines d'aventures policières
Portraits des grands hommes et mille titres divers
J'ai vu ce matin une jolie rue dont j'ai oublié le nom
Neuve et propre du soleil elle était le clairon
Les directeurs les ouvriers et les belles sténo-dactylographes
Du lundi matin au samedi soir quatre fois par jour y passent
Le matin par trois fois la sirène y gémit
Une cloche rageuse y aboie vers midi

Les inscriptions des enseignes et des murailles
Les plaques les avis à la façon des perroquets criaillent
J'aime la grâce de cette rue industrielle
Située à Paris entre la rue Aumont-Thiéville et l'avenue des Ternes [...]

Texte 2 • Charles Baudelaire, *Les Fleurs du mal*, 1859

L'albatros est un oiseau marin auquel s'identifie le poète. Ce poème fut composé en 1859 et intégré à l'édition des Fleurs du mal *de 1861.*

L'Albatros
Souvent, pour s'amuser, les hommes d'équipage
Prennent des albatros, vastes oiseaux des mers,
Qui suivent, indolents compagnons de voyage,
Le navire glissant sur les gouffres amers.

À peine les ont-ils déposés sur les planches,
Que ces rois de l'azur, maladroits et honteux,
Laissent piteusement leurs grandes ailes blanches
Comme des avirons traîner à côté d'eux.

Ce voyageur ailé, comme il est gauche et veule !
Lui, naguère si beau, qu'il est comique et laid !
L'un agace son bec avec un brûle-gueule,
L'autre mime, en boitant, l'infirme qui volait !

Le Poète est semblable au prince des nuées
Qui hante la tempête et se rit de l'archer ;
Exilé sur le sol au milieu des huées,
Ses ailes de géant l'empêchent de marcher.

section « Spleen et Idéal ».

Pause lecture 3

Une rencontre fatale : entre amour et mort ?

« À une passante », XCIII (93), p. 26

Retour au texte

1 • Documentez-vous sur la forme du sonnet.

2 • Quels sont les différents sens du verbe *passer* ?

Interprétations

Une rencontre

3 • Où se situe l'action ?

4 • Relevez les différents mots qui caractérisent la passante. Sont-ils précis ?

5 • Peut-on parler ici d'apparition ?

Amour et mort

6 • Relevez le champ lexical de la douleur et de la mort.

7 • Commentez le rythme et la diérèse du vers 2.

8 • Commentez l'italique du vers 12.

9 • Caractérisez la tonalité du sonnet. La forme même du sonnet est-elle adaptée à cette tonalité ?

10 • Lisez le texte 1, p. 54. Qu'apporte la prose à l'évocation ?

Un manifeste de la modernité

11 • Commentez le vers 9 : sur quels aspects de la beauté insistent-ils ?

12 • Lisez le texte 2, p. 54. En quoi peut-on dire qu'« À une passante » réalise les aspirations poétiques de Baudelaire ?

Et vous ?

Expression écrite

Sur le modèle du poème en prose « Les veuves » (texte 1, p. 54), racontez dans un court récit une rencontre qui vous a marqué(e).

Vers l'oral du bac

1 **Question sur l'extrait étudié** – Quel lien établissez-vous entre la figure de la passante et l'esthétique de la modernité ?

2 **Question sur l'ensemble des poèmes** – En quoi ce poème présente-t-il une figure différente des autres femmes représentées dans le recueil ?

Pause lecture 3

Texte 1 • Charles Baudelaire, *Petits Poèmes en prose*, 1869 (posthume)

Dans les Petits poèmes en prose, *Baudelaire substitue la prose au vers pour évoquer Paris et réalise enfin le rêve de renouveau poétique qu'il attendait. Ce poème évoque l'apparition d'une femme dans la foule parisienne.*

Les veuves

Mais ce jour-là, à travers ce peuple vêtu de blouses et d'indienne[1], j'aperçus un être dont la noblesse faisait un éclatant contraste avec toute la trivialité environnante.

C'était une femme grande, majestueuse, et si noble dans tout son air, que je n'ai pas souvenir d'avoir vu sa pareille dans les collections des aristocratiques beautés du passé. Un parfum de hautaine vertu émanait de toute sa personne. Son visage, triste et amaigri, était en parfaite accordance avec le grand deuil dont elle était revêtue. Elle aussi, comme la plèbe[2] à laquelle elle s'était mêlée et qu'elle ne voyait pas, elle regardait le monde lumineux avec un œil profond, et elle écoutait en hochant doucement la tête. […]

1. Toile de coton peinte ou imprimée. – 2. Terme péjoratif pour désigner le peuple.

Texte 2 • Charles Baudelaire, *Le Peintre de la vie moderne*, 1863

Par-delà l'éloge du peintre Constantin Guys, ce texte est surtout le manifeste de la modernité poétique telle que l'entend Baudelaire.

Ainsi il va, il court, il cherche. Que cherche-t-il ? À coup sûr, cet homme, tel que je l'ai dépeint, ce solitaire doué d'une imagination active, toujours voyageant à travers le grand désert d'hommes, a un but plus élevé que celui d'un pur flâneur, un but plus général, autre que le plaisir fugitif de la circonstance. Il cherche ce quelque chose qu'on nous permettra d'appeler la modernité ; car il ne se présente pas de meilleur mot pour exprimer l'idée en question. Il s'agit, pour lui, de dégager de la mode ce qu'elle peut contenir de poétique dans l'historique, de tirer l'éternel du transitoire.

Pause lecture 4 Les charmes de l'horreur ?

« Danse macabre », XCVII (97), p. 31-33

Retour au texte

1 • Quels poèmes du recueil évoquent la mort ?

2 • Une vanité est une œuvre d'art qui évoque par des symboles la condition mortelle de l'homme. Une danse macabre est une représentation allégorique de la mort entraînant des personnages dans une ronde. Quels points communs et quelles différences voyez-vous entre ces deux genres picturaux ?

Interprétations

Un portrait horrifique

3 • Sur quelle ambiguïté concernant l'identité du personnage principal le poème est-il construit ?

4 • Quels mots indiquent progressivement au lecteur la véritable identité de la danseuse ?

5 • Le poète fait-il preuve d'ironie dans ce portrait ? Citez les vers concernés.

Une vanité…

6 • Quel point commun y a-t-il entre les personnages évoqués aux vers 49-50 ?

7 • Quels vers s'apparentent à une morale ? Résumez-la.

… ou une danse macabre ?

8 • Relevez le champ lexical de la danse dans les dernières strophes. Qu'apporte le mouvement à cette évocation ?

9 • Expliquez le vers 36 : « Les charmes de l'horreur n'enivrent que les forts ».

10 • Lisez le document 1. Quels renseignements donne-t-il sur les circonstances d'écriture et sur l'effet que le poète a voulu produire sur le lecteur ?

Et vous ?

Expression orale

Observez les documents 2 et 3. En quoi sont-ils complémentaires pour illustrer le poème de Baudelaire ?

Vers l'oral du bac

1 **Question sur l'extrait étudié** – Quelle émotion nouvelle la lecture de « Danse macabre » peut-elle susciter chez le lecteur ?

2 **Question sur l'ensemble des poèmes** – Y a t-il d'autres poèmes de *Tableaux parisiens* qui s'inspirent d'œuvres artistiques ?

Document 1 • Charles Baudelaire, *Curiosités esthétiques* (1868)

Ainsi Baudelaire décrit-il une statue d'Ernest Christophe, dédicataire du poème, qui lui a inspiré « Danse macabre ».

Figurez-vous un grand squelette féminin tout prêt à partir pour une fête. Avec sa face aplatie de négresse, son sourire sans lèvre et sans gencive, et son regard qui n'est qu'un trou plein d'ombre, l'horrible chose qui fut une belle femme a l'air de chercher vaguement dans l'espace l'heure délicieuse du rendez-vous ou l'heure solennelle du sabbat inscrite au cadran invisible des siècles. Son buste, disséqué par le temps, s'élance coquettement de son corsage, comme de son cornet un bouquet desséché, et toute cette pensée funèbre se dresse sur le piédestal d'une fastueuse crinoline.

Ernest Christophe (1827-1892), *Danse macabre*, 1859, esquisse au fusain.

Document 2 • Philippe de Champaigne, *La Vanité* ou *Allégorie de la vie humaine* (1646)

Philippe de Champaigne (1602-1674) est un peintre français qui appartient au mouvement du classicisme. Proche du jansénisme, il propose une peinture souvent inspirée de sujets religieux qui a pour objet de susciter une réflexion morale sur l'homme, entre grandeur et faiblesse.

Huile sur toile (28,8 × 37,5 cm), Le Mans, musée du Tessé.

Document 3 • Maître Philippe de Gueldre, *Danse macabre des femmes de Martial d'Auvergne* (vers 1500)

Ce document est tiré d'un manuscrit qui reprend le genre, très en vogue au XVIe siècle, de la danse macabre comme invitation à la réflexion sur la vanité de la vie et sa finitude.

Pause lecture 5 La clôture de *Tableaux parisiens* : réveil ou agonie ?

« Le crépuscule du matin », CIII (103), p. 40-41

Retour au texte

1 • À quel autre poème du recueil « Le crépuscule du matin » fait-il écho ?

2 • Commentez le titre : qu'a-t-il de particulier ?

Interprétations

Paris s'éveille

3 • Relevez les différentes indications temporelles du poème.

4 • Prononcez le vers 1. Sur quel mot la versification insiste-t-elle ? Pourquoi ?

5 • Identifiez deux comparaisons dans la deuxième strophe. Quel est leur point commun thématique ?

6 • Caractérisez la tonalité de la deuxième strophe.

Réveil ou agonie ?

7 • Quels personnages sont évoqués dans la troisième strophe ? Quel est leur point commun ?

8 • Relevez le champ lexical de la mort. En quoi est-il inattendu ici ?

9 • Commentez les mots placés à la rime dans cette troisième strophe et rattachez votre réponse aux analyses précédentes.

La clôture de *Tableaux parisiens*

10 • Relevez deux personnifications dans la dernière strophe du poème.

11 • Relisez les deux derniers mots du poème. Sur quelle image se renferment ces *Tableaux parisiens* ?

12 • Lisez le texte de la chanson de Jacques Dutronc (p. 60-61). Le chanteur a-t-il choisi la même tonalité que Baudelaire pour parler du réveil de Paris ? Justifiez votre réponse.

Et vous ?

Expression orale

Quel art vous semble davantage convenir pour représenter la ville (peinture, poésie, musique) ?

Vers l'oral du bac

1 **Question sur l'extrait étudié** – Quelle vision de *Tableaux parisiens* ce dernier poème nous propose-t-il ?

2 **Question sur deux extraits** – Comparez « Le crépuscule du matin » au « Crépuscule du soir ». En quoi se complètent-ils ?

Pause lecture 5

Texte • Jacques Dutronc, Jacques Lanzmann, Anne Ségalen, *Il est cinq heures, Paris s'éveille* (1968)

Titre phare d'un album du chanteur Jacques Dutronc sorti en 1968, Il est cinq heures, Paris s'éveille *évoque le quotidien matinal d'une ville foisonnante.*

Je suis le dauphin de la place Dauphine
Et la place Blanche a mauvaise mine
Les camions sont pleins de lait
Les balayeurs sont pleins de balais

Il est cinq heures
Paris s'éveille
Paris s'éveille

Les travestis vont se raser
Les stripteaseuses sont rhabillées
Les traversins sont écrasés
Les amoureux sont fatigués

Il est cinq heures
Paris s'éveille
Paris s'éveille

Le café est dans les tasses
Les cafés nettoient leurs glaces
Et sur le boulevard Montparnasse
La gare n'est plus qu'une carcasse

Il est cinq heures
Paris s'éveille
Paris s'éveille

Les banlieusards sont dans les gares
À la Villette on tranche le lard
Paris by night, regagne les cars
Les boulangers font des bâtards

Il est cinq heures
Paris s'éveille
Paris s'éveille

La tour Eiffel a froid aux pieds
L'Arc de Triomphe est ranimé
Et l'Obélisque est bien dressé
Entre la nuit et la journée

Il est cinq heures
Paris s'éveille
Paris s'éveille

Les journaux sont imprimés
Les ouvriers sont déprimés
Les gens se lèvent, ils sont brimés
C'est l'heure où je vais me coucher

Il est cinq heures
Paris se lève
Il est cinq heures
Je n'ai pas sommeil

Harold Chapman, *Le matin de bonne heure au café « Le Royal », Parisiens buvant leur café sur le zinc avant d'aller travailler*, photographie, années 1960.

Le portrait paradoxal d'une ville

• Baudelaire n'est pas le premier écrivain à évoquer la ville de Paris en poésie. Il invente cependant une transfiguration de la capitale qui cultive le paradoxe : il refuse le réalisme au profit de lieux disparus dans une cité onirique ou cauchemardesque. Dès lors, l'imprécision domine : le nom de Paris n'est mentionné que quatre fois ; les lieux emblématiques de la capitale sont rarement évoqués à l'exception du Louvre et de la Seine dans « Le cygne ». Le poète leur préfère des évocations indirectes d'emplacements détruits (comme le nouveau Carrousel, lieu qui remplace le quartier du Doyenné, détruit en 1850). Et les lieux réels qui suscitent l'intérêt du *je* poétique semblent frappés d'ironie. Il s'agit de Frascati, de Tivoli (« Les petites vieilles »), toponymes qui jouent de l'ambiguité puisqu'ils désignent à la fois des villes italiennes d'art et d'histoire et... des lieux louches. Enfin, les « brumes et pluies » et l'atmosphère nocturne dominent.

• « Le vieux Paris n'est plus », déplorait le poète dans « Le cygne ». En tout cas, le Paris cher au poète a disparu, remplacé par les travaux d'Haussmann qui font de la capitale une cité sans passé.

Le poète et les figures de la marginalité

• Si le poète peint Paris, il peint aussi ses habitants. Et ils ont un point commun : ce sont des personnages situés en marge de la société et de la ville. Qu'elle soit liée à la pauvreté (« À une mendiante rousse »), à l'âge (« Les petites vieilles » ; « les sept vieillards »), au handicap (« Les aveugles »), au racisme (la négresse du « Cygne »), l'exclusion domine le recueil. Elle culmine même dans une figure hyperbolique : celle de la mort qui peuple les rues (« Le squelette laboureur » ; « Danse macabre »). Le poète donne à cette exclusion une valeur symbolique : celle d'une présence paradoxale au monde, qui est en même temps un exil au monde.

• Peu à peu s'établit, au fil des poèmes, une analogie entre ces portraits et un *je* poétique lui-même exclu d'un Paris qu'il ne reconnaît plus. Baudelaire construit donc, à travers ce portrait d'une ville et de ses habitants, un autoportrait en creux d'un poète. Ainsi, les personnages les plus pathétiques sont en réalité des figures d'identification douloureuse. « Les petites vieilles » sont des enfants pour le poète qui, se comparant à leur père, déclare : « Ruines ! ma famille ! ô cerveaux congénères ! ».

• Se révèle encore une fois l'ambivalence de la ville de Paris, de ses habitants et du *je* poétique lui-même. Paris est aimée et détestée (« Brumes et pluies », « Les aveugles »). Ses habitants sont à la fois moqués et valorisés (« À une mendiante rousse », « Les petites vieilles »). Le *je* poétique est tantôt démiurge transfigurant la ville (« Paysage »), tantôt aveugle, incapable d'une vision poétique (« Les aveugles »). Ne serait-ce pas là la clé d'une nouvelle esthétique fondée sur l'inversion des valeurs, à l'image du titre du recueil : *Les Fleurs du mal* ?

L'affirmation d'une nouvelle esthétique, celle de la modernité

• En 1859, Baudelaire rédige un article intitulé *Le Peintre de la vie moderne* et consacré à l'artiste Constantin Guys. Ce texte a rapidement été lu comme un manifeste poétique de l'esthétique baudelairienne. Le poète tente d'y saisir ce qui fait l'essence de ce qu'il nomme la « modernité ». Pour lui, il s'agit de capter le mouvement, la dynamique propre à une époque. Des poèmes tels que « À une passante » ou « Les petites vieilles » illustrent cette nouvelle esthétique :

– « À une passante » a pour cadre « la rue assourdissante ». C'est le mouvement de la femme en deuil (« soulevant, balançant le feston et l'ourlet ») qui déclenche l'extase poétique. « La fugitive beauté » permet de rejoindre un instant l'éternité.

– Dans « Les petites vieilles », la description ironique et cruelle d'« Èves octogénaires » cheminant dans la rue les transforme pourtant en essences de la modernité « débris d'humanité pour l'éternité mûrs ». Le recueil illustre ce que Constantin Guys peignait : le mouvement, la ville, le transitoire et l'éternel. Mais *Tableaux parisiens* ne sont qu'une étape de la modernité. Cette quête d'une esthétique nouvelle se poursuivra dans le dernier recueil du poète : les *Petits Poèmes en prose* ou *Spleen de Paris* (publication posthume en 1869). Baudelaire reprend la thématique de la ville mais rompt avec la contrainte du vers pour faire de sa vision une flânerie en liberté.

Retour au texte

1 • Quels poèmes évoquent des figures de l'exclusion ?

2 • Distinguez les portraits de femmes et d'hommes victimes de l'exclusion.

Interprétations

Des figures marginales

3 • Quels points communs identifiez-vous entre le personnage de la mendiante (« À une mendiante rousse », p. 14-16), de la négresse (« Le cygne », p. 16-18) et de la vieille femme (« Les petites vieilles », p. 21-24) ?

4 • Quels poèmes traitent du thème de la vieillesse comme une exclusion ?

5 • En quoi peut-on dire que la mort est une figure de l'exclusion dans « Danse macabre » (p. 31-33) ?

Des figures valorisées

6 • Relevez le lexique mélioratif dans « À une mendiante rousse » (p. 14-16).

7 • Relevez quelques exemples de mots qui évoquent le Moyen Âge ou la Renaissance. Quel est l'objectif du poète quand il fait référence à cette période ?

8 • Lisez le texte 1 ci-contre et caractérisez l'alchimie à laquelle le poète veut parvenir dans son recueil.

Des doubles du poète ?

9 • Quels points communs se dessinent entre le poète et les exclus dans les dernières strophes du « Cygne » (p. 16-18) ?

10 • Quels sentiments le poète éprouve-t-il face aux aveugles dans le poème du même nom ?

11 • Lisez le texte 2 ci-contre. Sur quelle analogie Tristan Corbière fonde-t-il l'intérêt de son sonnet ?

Texte 1 • Charles Baudelaire, projet de préface, 1861

Ce texte devait accompagner la réédition des Fleurs du mal *contenant* Tableaux parisiens.

Il m'a paru plaisant, et d'autant plus agréable que la tâche était plus difficile, d'extraire la *beauté* du *Mal*. Ce livre, essentiellement inutile et absolument innocent, n'a pas été fait dans un autre but que de me divertir et d'exercer mon goût passionné de l'obstacle.

Texte 2 • Tristan Corbière, *Les Amours jaunes*, 1873

Poète français (1845-1875) proche du symbolisme, Corbière, au style grinçant et ironique, incarne la figure du poète maudit, tant sa vie fut brève et misérable.

Le crapaud

Un chant dans une nuit sans air…
La lune plaque en métal clair
Les découpures du vert sombre.

… Un chant ; comme un écho, tout vif
Enterré, là, sous le massif…
– Ca se tait : Viens, c'est là, dans l'ombre…

– Un crapaud ! – Pourquoi cette peur,
Près de moi, ton soldat fidèle !
Vois-le, poète tondu, sans aile,
Rossignol de la boue… – Horreur !

… Il chante. – Horreur !! – Horreur pourquoi ?
Vois-tu pas son œil de lumière…
Non : il s'en va, froid, sous sa pierre.
……………………………………………………
Bonsoir – ce crapaud-là c'est moi.

Ce soir, 20 juillet.

Retour au texte

1 • Quel(s) poème(s) offre(nt) une vision enchantée de Paris ?

2 • Quels poèmes offrent une vision effrayante de Paris ?

3 • Quels sont les lieux parisiens nommés dans le recueil ?

Interprétations

Paris : décor ou personnage ?

4 • Relisez « Le soleil » (p. 13), « Les sept vieillards » (p. 19), « À une passante » (p. 26). La ville y est-elle perçue comme un décor ou un personnage ?

5 • Relevez une personnification de Paris dans « À une passante » (p. 26) et « Le crépuscule du matin » (p. 40).

Paris comme un enfer

6 • En quoi peut-on dire que les sept vieillards, le squelette laboureur et les petites vieilles sont des personnages infernaux ?

7 • Quelle image de la mort le poème « Danse macabre » (p. 31) donne-t-il ?

8 • Lisez la description de la ville de Dité dans *L'Enfer* de Dante (texte 1 ci-contre) et dites quels points communs la ville de *Crépuscule du soir* entretient avec elle.

Paris comme un paradis

9 • Quelle vision de Paris offre « Rêve parisien » ?

10 • Lisez « Villes » de Rimbaud (texte 2, p. 68). Quels points communs ce poème entretient-il avec « Rêve parisien » ?

11 • Est-il question de Paris dans « Je n'ai pas oublié, voisine de la ville » (p. 35) ? Lisez le texte 3 (p. 68) et expliquez d'où vient l'idéalisation du lieu dans ce poème.

Texte 1 • Dante, *L'Enfer*, 1314

La Divine comédie *de Dante, auteur florentin du Moyen Âge (1265-1321) que Baudelaire admire et dont il s'inspire, propose un voyage à travers l'Enfer, le Purgatoire et le Paradis chrétiens. Son but est à la fois religieux (trouver la rédemption en contemplant le mal) et poétique. Le livre consacré à l'Enfer propose une description de la ville de Dité (Satan) que Dante traverse, guidé par le poète Virgile. Ce dernier explique :*

« C'est le lieu le plus bas, le plus obscur,
le plus éloigné du ciel qui tout enferme ;
je sais bien le chemin, rassure-toi donc.
Ce marais d'où la grande puanteur monte
ceint entièrement la cité de douleur,
où nous ne pourrons entrer sans violence. »
Je ne sais plus ce qu'il me dit encore,
car mes yeux m'avaient entraîné tout entier
vers la haute tour à la cime rougie :
là en un point, tout à coup furent debout
trois furies infernales teintes de sang,
aux membres et aux gestes féminins
et ceintes d'hydres[1] terriblement vertes.

Chant IX, trad. J.-Ch. Vegliante, © Imprimerie nationale, 2007.

1. Animal fabuleux qui s'apparente au serpent.

Texte 2 • Arthur Rimbaud, *Illuminations*, « Villes », 1886

Recueil de poèmes en prose écrits entre 1872 et 1875 et publiés en 1886, Illuminations *constitue la dernière expérience poétique d'Arthur Rimbaud (1854-1891), avant qu'il n'abandonne la poésie pour l'aventure.*

Ce sont des villes ! C'est un peuple pour qui se sont montés ces Alleghanys[1] et ces Libans de rêve ! Des chalets de cristal et de bois qui se meuvent sur des rails et des poulies invisibles. Les vieux cratères ceints de colosses et de palmiers de cuivre rugissent mélodieusement dans les feux. Des fêtes amoureuses sonnent sur les canaux pendus derrière les chalets. La chasse des carillons crie dans les gorges. Des corporations de chanteurs géants accourent dans des vêtements et des oriflammes éclatants comme la lumière des cimes. Sur les plates-formes au milieu des gouffres les Rolands[2] sonnent leur bravoure. Sur les passerelles de l'abîme et les toits des auberges l'ardeur du ciel pavoise les mâts. […]

Quels bons bras, quelle belle heure me rendront cette région d'où viennent mes sommeils et mes moindres mouvements ?

1. Chaîne des Appalaches en Amérique du Nord.
2. Héros épique de *La Chanson de Roland* (XIIe siècle) qui sonne du cor pour appeler Charlemagne à l'aide.

Texte 3 • Lettre de Charles Baudelaire à sa mère, 11 janvier 1858

Baudelaire entretenait avec sa mère des rapports conflictuels. Cette dernière reconnaît son génie et se rapproche de lui à la fin de sa vie.

Vous n'avez donc pas remarqué dans *Les Fleurs du mal* deux pièces vous concernant, ou du moins allusionnels *(sic)* à des détails intimes de notre ancienne vie, de cette époque de veuvage qui m'a laissé de singuliers et tristes souvenirs, l'une : *Je n'ai pas oublié, voisine de la ville…* (Neuilly), et l'autre qui suit : *La servante au grand cœur dans vous étiez jalouse* (Mariette) ? J'ai laissé ces pièces sans titres et sans indications claires, parce que j'ai horreur de prostituer les choses intimes de la famille.

Vers l'écrit du bac

Figures de l'exclusion en poésie

▶ **Objet d'étude : écriture poétique et quête de sens, du Moyen âge à nos jours**

Retour sur *Tableaux parisiens*

1. Le terme *gueux* et ses dérivés est-il employé par le poète dans *Tableaux parisiens* ?

2. La figure du gueux ou de la gueuse est-elle la seule utilisée par le poète pour parler de l'exclusion ?

Corpus complémentaire

Texte A – Rutebeuf, *Le Dit des gueux de grève* (vers 1260)

Gueux, vous voilà bien lotis !
Les arbres dépouillent leurs branches,
Et vous n'avez pas de manteau ;
Aussi aurez-vous froid aux reins.
Que vous seriez bien dans un pourpoint
Ou un surcot[1] à manches fourré !
Vous êtes si allègres[2] en été
Et en hiver si engourdis !
Vos souliers n'ont pas besoin de graisse,
Car vos talons vous tiennent lieu de semelles.
Les mouches noires vous ont piqués,
Les blanches elles aussi vous piqueront.

1. Manteau.
2. Gais.

Texte B – Tristan L'Hermite, *La Belle Gueuse* (1622)

Ô que d'appas en ce visage
Plein de jeunesse et de beauté,
Qui semble trahir son langage
Et démentir sa pauvreté !

Ce rare honneur des orphelines,
Couvert de ces mauvais habits,
Nous découvre des perles fines
Dans une boîte de rubis.

Ses yeux sont des saphirs qui brillent,
Et ses cheveux qui s'éparpillent
Font montre d'une riche trésor.

À quoi bon sa triste requête,
Si pour faire pleuvoir de l'or,
Elle n'a qu'à baisser la tête !

Texte C – Jean Richepin, *Ballade du roi des gueux* (1876)

Venez à moi, claquepatins,
Loqueteux, joueurs de musettes,
Clampins, loupeurs, voyous, catins,
Et marmousets, et marmousettes[1],
Tas de traîne-cul-les-housettes,
Race d'indépendants fougueux !
Je suis du pays dont vous êtes :
Le poète est le Roi des Gueux.

Vous que la bise des matins,
Que la pluie aux âpres sagettes[2],
Que les gendarmes, les mâtins[3],

1. *Claquepatins, loqueteux, clampins, marmousets* : termes à la fois péjoratifs et attendris, synonymes de *gueux*.
2. Flèches.
3. Chiens de garde.

Les coups, les fièvres, les disettes
Prennent toujours pour amusettes,
Vous dont l'habit mince et fongueux[4]
Paraît fait de vieilles gazettes,
Le poète est le Roi des Gueux.

Vous que le chaud soleil a teints,
Hurlubiers dont les peaux bisettes[5]
Ressemblent à l'or des gratins,
Gouges[6] au front plein de frisettes,
Momignards[7] nus sans chemisettes,
Vieux à l'œil cave, au nez rugueux,
Au menton en casse-noisettes,
Le poète est le Roi des Gueux.

ENVOI
Ô Gueux, mes sujets, mes sujettes,
Je serai votre maître queux.
Tu vivras, monde qui végètes !
Le poète est le Roi des Gueux.

4. Trouée comme une éponge ou couvert de champignons.
5. D'un gris clair.
6. *Ici*, prostituées.
7. Jeunes enfants.

Texte D – Émile Verhaeren, *Les Gueux* (1883)

La misère séchant ses loques sur leur dos,
Aux jours d'automne, un tas de gueux, sortis des bouges,
Rôdaient dans les brouillards et les prés au repos,
Que barraient sur fond gris des rangs de hêtres rouges.

Dans les plaines, où plus ne s'entendait un chant,
Où les neiges allaient verser leurs avalanches,
Seules encor, dans l'ombre et le deuil s'épanchant,
Quatre ailes de moulin tournaient grandes et blanches.

Les gueux vaguaient, les pieds calleux, le sac au dos,
Fouillant fossés, fouillant fumiers, fouillant enclos,
Dévalant vers la ferme et réclamant pâture.

Puis reprenaient en chiens pouilleux, à l'aventure,
Leur course interminable à travers champs et bois,
Avec des jurements et des signes de croix.

Sujet de bac (séries générales)

Question *(4 pts)*

Quelle figure de l'exclusion (traits particuliers, symbolique) ces quatre poèmes construisent-ils grâce aux tonalités, à la versification, aux figures de style ?

Travaux d'écriture *(16 pts)*

Commentaire :

Vous ferez le commentaire du texte B.

Dissertation :

Dans quelle mesure la poésie est-elle un genre efficace pour évoquer les questions de société ? Vous répondrez à cette question en vous appuyant sur les textes du corpus, sur ceux que vous avez étudiés en classe et sur vos lectures personnelles.

Écriture d'invention :

Un journal a refusé de publier un ensemble de poèmes sur l'exclusion au motif que la poésie a pour but de transfigurer le réel et non de peindre la misère du monde. Dans une lettre ouverte au rédacteur en chef, vous prenez la défense de ces poèmes en soulignant leur rôle à la fois poétique et politique.

Jacques Callot (1592-1635), *Les Gueux*, gravure.

Analyse d'images

Poésie et peinture : deux versants de la modernité ?

Dossier central images en couleurs

Retour aux images

1 • Observez les différentes iconographies du dossier. Quels poèmes du recueil pourraient-elles illustrer ?

2 • Quels sont les matériaux et les techniques utilisés pour chacune d'elles ?

Interprétations

Portraits féminins (documents 1, 2 et 4)

3 • Quels points communs remarquez-vous entre les documents 1 et 4 ?

4 • Quels procédés artistiques suggèrent le mouvement dans les documents 2 et 4 ?

5 • Comment interprétez-vous le cadrage ou la posture choisis dans ces trois œuvres ?

La peinture de genre (document 3)

6 • La peinture de genre représente des scènes de la vie quotidienne. Sur quels aspects du jeu Daumier insiste-il ici ?

7 • Observez la composition de la lithographie. Comment les joueurs sont-ils mis en valeur ?

8 • La poésie de Baudelaire intitulée « Le jeu » utilise-t-elle également le procédé de la caricature ?

La modernité (documents 1 à 4)

9 • Pour Baudelaire « la modernité, c'est le transitoire, le fugitif, le contingent, la moitié de l'art, dont l'autre moitié est l'éternel et l'immuable » (*Le Peintre de la vie moderne*, 1863). Qu'est-ce qui vous semble « moderne » dans ces quatre images ?

Et vous ?

Expression orale

Laquelle de ces quatre œuvres vous semble illustrer le mieux la poésie de *Tableaux parisiens* ? Argumentez votre réponse.

I

Émile Deroy (1820-1846), *La Petite Mendiante rousse*, vers 1843-5, huile sur toile

L'artiste est un ami de Baudelaire, dont il a peint un portrait en 1844. Sa *Petite Mendiante rousse* aurait inspiré la poésie du même nom. Il se serait agi d'une jeune chanteuse de rue qui se produisait dans les cafés des Champs-Élysées. Son charme inspire Baudelaire et Banville.

II

***Danse macabre : la mort et la chambrière*, XVe s., miniature**

La danse macabre est une thématique centrale du Moyen Âge, frappé par les épidémies. Peindre la mort, c'est à la fois souligner la vanité de la vie et apprivoiser la peur.

III

Honoré Daumier (1808-1879), *La Part du lion* (1840), lithographie

Célèbre graveur et caricaturiste qui met son génie au service de la satire politique et sociale.
Baudelaire dira de lui qu'il était « l'un des hommes les plus importants, je ne dirai pas seulement de la caricature, mais encore de l'art moderne ».

IV

Constantin Guys (1802-1892), *Femme (capeline et mantelet)*, dessin et aquarelle

Dessinateur et peintre, il est pour Baudelaire « le peintre de la vie moderne » dans sa façon « de dégager de la mode ce qu'elle peut contenir de poétique dans l'historique, de tirer l'éternel du transitoire » (*Le Peintre de la vie moderne*, 1863).

Les Fleurs du mal sont-elles immorales ?

La première édition des *Fleurs du mal* tombe sous le coup d'une condamnation pour outrage à la morale en août 1857.
Pour les mêmes raisons, cinq mois auparavant, Flaubert figurait sur le banc des accusés avec son roman *Madame Bovary*. Mais, pourvu d'une bonne défense, il est acquitté. Il n'en sera pas de même pour Baudelaire. Le procureur Pinard prononce un réquisitoire sans appel contre l'auteur des *Fleurs du mal*. Baudelaire, qui pâtit de critiques d'une extrême violence (voir documents 2 et 3), et d'une défense moins pugnace que celle de Flaubert, est condamné à verser 300 francs d'amende et à supprimer de son œuvre six pièces jugées licencieuses. Le scandale des *Fleurs du mal* affecte durablement l'auteur. Si de nos jours Baudelaire est considéré comme un des plus grands poètes français et si son œuvre a été revendiquée par toute la génération symboliste, de Rimbaud à Mallarmé, des questions se posent. Que voulait dire Baudelaire dans ce recueil ? Quelle fut sa réception parmi les contemporains du poète et les lecteurs plus tardifs ? Qu'a-t-on aimé ou reproché ?

1 • Lisez le texte 1, ci-contre. Peut-on résumer l'objectif de Charles Baudelaire quand il écrit *Les Fleurs du mal* ?

2 • Quels sont les reproches faits à Baudelaire (textes 2 et 3, p. 78 et 79) ?

3 • Quels sont les arguments de la défense avancés par Me Gustave Chaix d'Est-Ange et Barbey d'Aurevilly (textes 4 et 5, p. 80 et 81) ?

4 • Lisez le texte 6 (p. 81-82). Quelle est la place des *Fleurs du mal* dans la littérature, selon le poète Paul Valéry ?

Texte 1 • Charles Baudelaire, projet de préface des *Fleurs du mal* (1861)

Cette préface, finalement non publiée, avait pour objet d'expliciter et de justifier la démarche poétique de l'auteur des Fleurs du mal. *Mais un poète doit-il se justifier ?*

Ce n'est pas pour mes femmes, mes filles ou mes sœurs que ce livre a été écrit ; non plus que pour les femmes, les filles ou les sœurs de mon voisin. Je laisse cette fonction à ceux qui ont intérêt à confondre les bonnes actions avec le beau langage.

Je sais que l'amant passionné du beau style s'expose à la haine des multitudes ; mais aucun respect humain, aucune fausse pudeur, aucune coalition, aucun suffrage universel ne me contraindront à parler le patois incomparable de ce siècle, ni à confondre l'encre avec la vertu.

Des poètes illustres s'étaient partagé depuis longtemps les provinces les plus fleuries du domaine poétique. Il m'a paru plaisant, et d'autant plus agréable que la tâche était plus difficile, d'extraire la *beauté* du *Mal*. Ce livre, essentiellement inutile et absolument innocent, n'a pas été fait dans un autre but que de me divertir et d'exercer mon goût passionné de l'obstacle.

Quelques-uns m'ont dit que ces poésies pouvaient faire du mal ; je ne m'en suis pas réjoui. D'autres, de bonnes âmes, qu'elles pouvaient faire du bien ; et cela ne m'a pas affligé. La crainte des uns et l'espérance des autres m'ont également étonné, et n'ont servi qu'à me prouver une fois de plus que ce siècle avait désappris toutes les notions classiques relatives à la littérature.

Malgré les secours que quelques cuistres[1] célèbres ont apportés à la sottise naturelle de l'homme, je n'aurais jamais cru que notre patrie pût marcher avec une telle vélocité[2] dans la voie du *progrès*. Ce monde a acquis une épaisseur de vulgarité qui donne au mépris de l'homme spirituel la violence d'une passion. Mais il est des carapaces heureuses que le poison lui-même n'entamerait pas.

J'avais primitivement l'intention de répondre à de nombreuses critiques, et, en même temps, d'expliquer quelques questions très simples, totalement obscurcies par la lumière moderne : Qu'est-ce que la poésie ? Quel est son but ? De la distinction du Bien d'avec le Beau ; de la Beauté dans le Mal ; que le rythme et la rime répondent dans l'homme aux immortels besoins de monotonie, de symétrie et de surprise ; de l'adaptation du style au sujet ; de la vanité et du danger de l'inspiration, etc., etc. ; mais j'ai eu l'imprudence de lire ce matin quelques feuilles publiques[3] ; soudain, une indolence, du poids de vingt atmosphères, s'est abattue sur moi, et je me suis arrêté devant l'épouvantable inutilité d'expliquer quoi que ce soit à qui que ce soit. Ceux qui savent me devinent, et pour ceux qui ne peuvent ou ne veulent pas comprendre, j'amoncèlerais sans fruit[4] les explications.

1. Vaniteux et prétentieux.
2. Rapidité.
3. Journaux.
4. Résultat.

Texte 2 • Article de Gustave Bourdin (1857)

Cet article a été rédigé à la parution des Fleurs du mal.

L'odieux y coudoie l'ignoble ; le repoussant s'y allie à l'infect. Jamais on ne vit mordre et même mâcher autant de seins dans si peu de pages ; jamais on n'assiste à une semblable revue de démons, de fœtus, de diables, de chloroses, de chats et de vermine. Ce livre est un hôpital ouvert à toutes les démences de l'esprit, à toutes les putridités du cœur ; encore si c'était pour les guérir, mais elles sont incurables. […]

Le Figaro, 5 juillet 1857.

Texte 3 • Réquisitoire du procureur Ernest Pinard (1857)

Ulcéré par sa défaite devant Flaubert, accusé d'outrage à la morale lors de la parution de Madame Bovary *et finalement acquitté, le procureur Pinard redouble de violence contre* Les Fleurs du mal *de Baudelaire, bien décidé, cette fois, à faire condamner le poète. Il insiste sur l'immoralité du recueil.*

Pour tous ceux qui ne sont pas encore ni appauvris ni blasés, il y a toujours des impressions malsaines à recueillir dans de semblables tableaux. Quelles que soient les conséquences du désordre, si édifiés, que soient à cet égard certains lecteurs, ils rechercheront surtout dans les pages de ce livre : La Femme nue, essayant des poses devant l'amant fasciné (pièce 20) ; – La mégère libertine qui verse trop de flammes et qu'on ne peut, comme le Styx, embrasser neuf fois (pièce 24, « Non satiata ») ; – La Vierge folle, dont la jupe et la gorge aiguë aux bouts charmants versent le Léthé (pièce 30) ; – La Femme trop gaie, dont l'amant châtie la chair joyeuse, en lui ouvrant des lèvres nouvelles (pièce 39) ; – Le Beau Navire, où la femme est décrite avec la gorge triomphante, provocante, bouclier armé de pointes roses, tandis que les jambes, sous les volants qu'elles chassent, tourmentent les désirs et les agacent (pièce 48) ; – La Mendiante rousse, dont les nœuds mal attachés dévoilent le sein tout nouvelet, et dont les bras, pour la déshabiller, se font prier, en chassant les doigts lutins (pièce 65) ; – Lesbos, où les filles aux yeux doux, de leurs corps amoureuses, caressent les fruits mûrs de leur nubilité (pièce 80) ; – Les Femmes damnées ou Les Tribades (pièces 81 et 82) ; – Les Métamorphoses, ou la Femme Vampire, étouffant un homme en ses bras veloutés, abandonnant aux morsures son buste, sur les matelas qui se pâment d'émoi, au point que les anges impuissants se damneraient pour elle (pièce 87).

Texte 4 • Plaidoirie de Maître Gustave Chaix d'Est-Ange (1857)

Maître Gustave Chaix d'Est-Ange est l'avocat de Baudelaire. S'il était parvenu, avec l'aide d'autres ténors du barreau, à faire acquitter Flaubert, sa plaidoirie en faveur de l'auteur des Fleurs du mal *ne convaincra pas.*

[Baudelaire] a voulu tout peindre, vous a dit le ministère public ; il a voulu tout mettre à nu ; il a fouillé la nature humaine dans ses replis les plus intimes, avec des tons vigoureux et saisissants, il l'a exagérée dans ses côtés hideux, en les grossissant outre mesure… Prenez garde en parlant ainsi, dirai-je à M. le Substitut ; êtes-vous sûr vous-même, de ne pas exagérer quelque peu le style et la manière de Baudelaire, de ne pas forcer la note et de ne pas pousser au noir ? Mais enfin soit ; c'est là sa méthode et c'est là son procédé ; où est la faute, je vous prie, au point de vue même de l'accusation, où est la faute et surtout, où peut être le délit, si c'est pour le flétrir qu'il exagère le mal, s'il peint le vice avec des tons vigoureux et saisissants, parce qu'il veut vous en inspirer une haine plus profonde et si le pinceau du poète vous fait de tout ce qui est odieux une peinture horrible, précisément pour vous en donner l'horreur… ?

Texte 5 • Article de Jules Barbey d'Aurevilly (1857)

L'écrivain et critique défend le recueil en soulignant que sa noirceur n'est autre que celle déjà ancrée dans la société.

À la première apparition, à la première odeur de ces *Fleurs du mal*, comme il les nomme, de ces fleurs (il faut bien le dire, puisqu'elles sont *Les Fleurs du mal*) horribles de fauve éclat et de senteur, on cria de tous les côtés à l'asphyxie et que le bouquet était empoisonné ! Les moralités délicates disaient qu'il allait tuer comme les tubéreuses tuent les femmes en couche, et il tue en effet de la même manière. C'est un préjugé. À une époque aussi dépravée par les livres que l'est la nôtre, *Les Fleurs du mal* n'en feront pas beaucoup, nous osons l'affirmer. Et elles n'en feront pas, non seulement parce que nous sommes les Mithridates des affreuses drogues que nous avons avalées depuis vingt-cinq ans, mais aussi pour une raison beaucoup plus sûre, tirée de l'accent, – de la profondeur d'accent d'un livre qui, selon nous, doit produire l'effet absolument contraire à celui que l'on affecte de redouter. N'en croyez le titre qu'à moitié ! Ce ne sont pas *les Fleurs du mal* que le livre de M. Baudelaire. C'est le plus violent extrait qu'on ait jamais fait de ces fleurs maudites. Or la torture que doit produire un tel poison sauve des dangers de son ivresse !

Telle est la moralité, inattendue, volontaire peut-être, mais certaine, qui sortira de ce livre cruel et osé dont l'idée a saisi l'imagination d'un artiste ! Révoltant comme la vérité, qui l'est souvent, hélas ! dans le monde de la Chute, ce livre sera moral à sa manière ; et ne souriez pas ! cette manière n'est rien moins que celle de la toute-puissante Providence elle-même, qui envoie le châtiment après le crime, la maladie après l'excès, le remords, la tristesse, l'ennui, toutes les hontes et toutes les douleurs qui nous dégradent et nous dévorent pour avoir transgressé ses lois.

Jules Barbey d'Aurevilly, *Appendice aux* Fleurs du mal, 1868.

Texte 6 • Paul Valéry, *Variété II* (1930)

Le poète Paul Valéry a conçu Variété *comme une suite d'essais sur des sujets d'actualité du XXe siècle et des auteurs.*

Baudelaire est au comble de la gloire.

Ce petit volume des *Fleurs du mal*, qui ne compte pas trois cents pages, balance dans l'estime des lettrés les œuvres les plus illustres et les plus vastes. Il a été traduit dans la plupart des langues européennes : c'est un fait sur lequel je m'arrêterai un instant, car il est, je crois, sans exemple dans l'histoire des Lettres françaises [...]

[…] Avec Baudelaire, la poésie française sort enfin des frontières de la nation. Elle se fait lire dans le monde ; elle s'impose comme la poésie même de la modernité ; elle engendre l'imitation, elle féconde de nombreux esprits. Des hommes tels que Swinburne, Gabriele D'Annunzio, Stefan George, témoignent magnifiquement de l'influence baudelairienne à l'extérieur.

Je puis donc dire que s'il est, parmi nos poètes, des poètes plus grands et plus puissamment doués que Baudelaire, il n'en est point de plus *important*.

Félix Nadar (1820-1910), *Charles Baudelaire*, vers 1854, fusain.

Question d'actualité

Comment écrire la ville aujourd'hui ?

Milieu mobile et hétérogène, la ville est par essence le lieu de la modernité telle que la conçoit Baudelaire : elle allie « l'éternel » au « transitoire ». Elle est le lieu du mouvement incessant, de l'énergie à l'œuvre. La ville est bien ce lieu de tous les possibles où les contraires s'attirent : solitude et multitude, beauté et laideur, luxe et pauvreté. La ville est cet espace où le poète anonyme déambule à la recherche d'inspiration.
À l'heure de la mondialisation, l'écriture peut-elle encore dire cet espace à part qu'est la ville ? Comment fixer le mouvement, le changement permanent lié à l'univers urbain ? Quels sont les choix des poètes d'aujourd'hui ? Entre graffs et poésie urbaine, on se rend compte de l'étonnante vitalité de l'écriture de la ville comme une façon de la transfigurer et aussi de se l'approprier.

1 • **Doc. 1.** Quelles thématiques communes aux *Tableaux parisiens* retrouvez-vous dans « Les foules » ? Quel est l'apport la prose pour dire la ville ?

2 • **Doc. 2.** Commentez le titre du recueil de Jacques Roubaud : de quel vers des *Tableaux parisiens* s'inspire-t-il ? Quel choix poétique fait-il pour dire la ville ?

3 • **Doc. 3.** Chaque ville a son identité poétique. Comment définiriez-vous celle de Marseille à travers le poème de Jules Supervielle ?

4 • **Doc. 4.** Quel est le rapport du poète Léopold Sédar Senghor à New York ?

5 • **Doc. 5.** Peut-on parler d'écriture de la ville ?

Document 1 • Charles Baudelaire, *Petits poèmes en prose* (1869)

Les Petits poèmes en prose *sont la dernière expérience poétique de Baudelaire. Il substitue la prose au vers pour évoquer Paris et réalise enfin le rêve de renouveau poétique qu'il attendait. La foule est une thématique typique de la modernité.*

Les foules

Il n'est pas donné à chacun de prendre un bain de multitude : jouir de la foule est un art ; et celui-là seul peut faire, aux dépens du genre humain, une ribote[1] de vitalité, à qui une fée a insufflé dans son berceau le goût du travestissement et du masque, la haine du domicile et la passion du voyage.

Multitude, solitude : termes égaux et convertibles pour le poète actif et fécond. Qui ne sait pas peupler sa solitude, ne sait pas non plus être seul dans une foule affairée.

Le poète jouit de cet incomparable privilège, qu'il peut à sa guise être lui-même et autrui. Comme ces âmes errantes qui cherchent un corps, il entre, quand il veut, dans le personnage de chacun. Pour lui seul, tout est vacant ; et si de certaines places paraissent lui être fermées, c'est qu'à ses yeux elles ne valent pas la peine d'être visitées.

Le promeneur solitaire et pensif tire une singulière ivresse de cette universelle communion. Celui-là qui épouse facilement la foule connaît des jouissances fiévreuses, dont seront éternellement privés l'égoïste, fermé comme un coffre, et le paresseux, interné comme un mollusque. Il adopte comme siennes toutes les professions, toutes les joies et toutes les misères que la circonstance lui présente.

Ce que les hommes nomment amour est bien petit, bien restreint et bien faible, comparé à cette ineffable orgie, à cette sainte prostitution de l'âme qui se donne tout entière, poésie et charité, à l'imprévu qui se montre, à l'inconnu qui passe.

Il est bon d'apprendre quelquefois aux heureux de ce monde, ne fût-ce que pour humilier un instant leur sot orgueil, qu'il est des bonheurs supérieurs au leur, plus vastes et plus raffinés. Les fondateurs de colonies, les pasteurs de peuples, les prêtres missionnaires exilés au bout du monde, connaissent sans doute quelque chose de ces mystérieuses ivresses ; et, au sein de la vaste famille que leur génie s'est faite, ils doivent rire quelquefois de ceux qui les plaignent pour leur fortune si agitée et pour leur vie si chaste.

Spleen de Paris, XII.

1. Excès joyeux.

Document 2 • Jacques Roubaud, *La forme d'une ville change plus vite, hélas, que le cœur des humains* (1999)

Poète et mathématicien français, membre de l'OuLipo, Roubaud apprécie l'usage de l'écriture à contraintes.

L'heure

l'heure du réveil des habitants du passage de la reine de hongrie
l'heure de l'ouverture du café de la rue du moulin de la pointe
l'heure du ramassage des poubelles de la rue du sommet des alpes
l'heure de l'ouverture de la boulangerie de la rue du roi de sicile
l'heure de l'extinction des réverbères de la rue du pot de fer
l'heure de l'ouverture de la boucherie de la rue du faubourg du temple
l'heure du lever des enfants de la rue de la poterne des peupliers
l'heure de l'ouverture de la charcuterie de la rue du moulin des prés
l'heure de la promenade des chiens de l'avenue de la porte de pantin
l'heure de l'ouverture de la maternelle de la rue de la pointe d'ivry
l'heure du nettoyage des caniveaux de la rue des nonnains d'hyères
l'heure de l'ouverture du garage de la rue du val de grâce
l'heure de la désinvolture des chats de la rue du père teilhard de chardin
l'heure de l'ouverture de l'auto-école du boulevard des filles du calvaire
l'heure du roucoulement des tourterelles de la rue du moulin de la vierge
l'heure de l'ouverture de la bonneterie de la galerie des marchands de la gare
[saint-lazare
l'heure de l'invasion des voitures de l'avenue de la porte d'orléans
l'heure de l'ouverture de l'école de l'avenue de la porte de champerret
l'heure du ronflement des moteurs de l'avenue de la porte d'italie

l'heure de l'ouverture de l'opticien de la rue du pas de la mule
l'heure de l'ouverture de la mission de la rue du pont de lodi
l'heure de l'ouverture des bibliothèques de la rue de l'école de médecine [...]

Document 3 • Jules Supervielle, *Débarcadères* (1922)

Débarcadères *est un recueil de poèmes du poète franco-uruguayen Jules Supervielle (1884-1960) évoquant notamment le thème du voyage.*

Marseille

Marseille sortie de la mer, avec ses poissons de roche, ses coquillages et l'iode,
Et ses mâts en pleine ville qui disputent les passants,
Ses tramways avec leurs pattes de crustacés sont luisants d'eau marine,
Le beau rendez-vous de vivants qui lèvent le bras comme pour se partager le ciel,
Et les cafés enfantent sur le trottoir hommes et femmes de maintenant avec leurs
[yeux de phosphore,
Leurs verres, leurs tasses, leurs seaux à glace et leurs alcools,
Et cela fait un bruit de pieds et de chaises frétillantes.
Ici le soleil pense tout haut, c'est une grande lumière qui se mêle à la conversation,
Et réjouit la gorge des femmes comme celle des torrents de montagne,
Il prend les nouveaux venus à partie, les bouscule un peu dans la rue,
Et les pousse sans arrêt du côté des jolies filles.
Et la lune est un singe échappé au baluchon d'un marin
Qui vous regarde à travers les barreaux légers de la nuit.
Marseille, écoute-moi, je t'en prie, sois attentive,
Je voudrais te prendre dans un coin, te parler avec douceur,
Reste donc un peu tranquille que nous nous regardions un peu
Ô toi toujours en partance
Et qui ne peux t'en aller,
À cause de toutes ces ancres qui te mordillent sous la mer.

Document 4 • Léopold Sédar Senghor, *Éthiopiques* (1956)

Léopold Sédar Senghor est un poète franco-sénégalais (1906-2001) qui fut président de la République du Sénégal entre 1960 et 1980. Sa poésie s'inscrit dans le courant de la négritude, sur les traces d'Aimé Césaire. Il rédige ce texte à l'occasion d'un voyage qu'il fait dans cette ville.

À New York

(pour un orchestre de jazz : solo de trompette)
New York ! D'abord j'ai été confondu par ta beauté, ces grandes filles d'or aux [jambes longues.
Si timide d'abord devant tes yeux de métal bleu, ton sourire de givre
Si timide. Et l'angoisse au fond des rues à gratte-ciel
Levant des yeux de chouette parmi l'éclipse du soleil.
Sulfureuse ta lumière et les fûts livides, dont les têtes foudroient le ciel
Les gratte-ciel qui défient les cyclones sur leurs muscles d'acier et leur peau [patinée de pierres.
Mais quinze jours sur les trottoirs chauves de Manhattan
– C'est au bout de la troisième semaine que vous saisit la fièvre en un bond de [jaguar
Quinze jours sans un puits ni pâturage, tous les oiseaux de l'air
Tombant soudain et morts sous les hautes cendres des terrasses.
Pas un rire d'enfant en fleur, sa main dans ma main fraîche
Pas un sein maternel, des jambes de nylon. Des jambes et des seins sans sueur [ni odeur.
Pas un mot tendre en l'absence de lèvres, rien que des cœurs artificiels payés en [monnaie forte
Et pas un livre où lire la sagesse. La palette du peintre fleurit des cristaux de [corail.

Nuits d'insomnie ô nuits de Manhattan si agitées de feux follets, tandis que les
[klaxons hurlent des heures vides
Et que les eaux obscures charrient des amours hygiéniques, tels des fleuves en
[crue des cadavres d'enfants.

Léopold Sédar Senghor, *Éthiopiques*, © Le Seuil.

Document 5 • Jacques Villeglé, *L'Emploi et l'Immobilier* (1981)

Peintre et plasticien, Jacques Villeglé propose des « décollages » qui ont pour support des affiches récoltées dans les rues de Paris et de sa banlieue.

François Lemaire
artiste peintre

François Lemaire expose régulièrement à Paris et en région parisienne. Son travail s'inspire des paysages du Nord de la France où il a passé son enfance. Il propose un jeu de mémoire à la limite de la peinture abstraite et de la peinture figurative.

▸ Tableaux parisiens *établissent dès le titre un lien avec la peinture : est-il évident pour vous ?*

Oui, on les voit comme ces grands tableaux du XIXe siècle qui « racontent » une histoire. Il me semble que chaque quatrain fonctionne comme une partie descriptive du tableau qui fonctionne lui-même comme une composition. On obtient une équation intéressante : atmosphère-ambiance, mouvement-couleur = sentiment-évocation, espace-émotion. C'est une sorte d'assemblage subtil comme le font les peintres, surtout de cette époque...

▸ *Quelles sont les couleurs de* Tableaux parisiens *?*

On pourrait penser que c'est le gris qui l'emporte tant cette couleur est associée directement à la ville : l'ardoise, le zinc, la brume, le ciel, les pierres salies ou vieillies, l'eau, tous ces éléments s'imposent à nous dans l'évocation. Mais c'est plutôt la nuance de gris faite des trois couleurs primaires et surtout pas celle faite de noir et de blanc. Je pense aussi à la couleur orange, celle que l'on voit à travers les paupières quand on ferme les yeux en plein jour, la couleur de la mémoire immédiate et sensible dont se sert Baudelaire pour « peindre » ce qu'il « voit », « ressent ».

▶ ***Peindre la ville implique-t-il une technique picturale particulière ?***

Non, je ne crois pas vraiment, on peut être très doué sur la perspective géométrique et faire un tableau qui n'évoque pas grand chose ou peindre la gare St-Lazare, son brouhaha, sa confusion et ses fumées de locomotive à ne plus pouvoir s'y voir et rendre compte d'un événement extraordinaire avec une charge émotionnelle, colorimétrique incomparable. Je crois que pour savoir peindre la ville, il faut s'y peindre aussi. C'est ce déplacement qui fait l'œuvre, l'assemblage des couleurs fait le reste.

▶ ***Dans ses* Tableaux parisiens, *Baudelaire propose-t-il une peinture plutôt affective ou intellectuelle ?***

Affective, je ne crois pas à la peinture intellectuelle... Une poésie comme une peinture nous affecte, c'est-à-dire qu'elle nous traverse pour atteindre quelque chose qui est d'abord de l'ordre du sensible. C'est une image-affect avant tout. Après, on peut, grâce au raisonnement, à la culture, à la médiation, comprendre pourquoi elle nous atteint.

▶ ***Quel est votre poème préféré en tant que peintre et pourquoi ?***

C'est « Paysage » (LXXXVI) : « *les deux mains au menton, du haut de ma mansarde,/je verrai l'atelier qui chante et qui bavarde* ; »
J'habitais à la campagne, ma chambre était une mansarde, je passais des heures à regarder par cette petite fenêtre le ciel, de ceux, comme il le dit plus loin, « *qui font rêver d'éternité* ».
Ensuite, j'aime « Les petites vieilles » (XCI) car il y a une précision digne des peintres naturalistes. Elle est faite de petites choses et de l'évocation presque résignée, mais tendre, de la dislocation du temps qui peint les personnages comme des êtres singuliers, décrépits et charmants. Pense-t-il à lui ? Je ne sais pas...
D'autre part, cette façon de peindre la régression des choses me touche énormément. « *S'en va tout doucement vers un nouveau berceau* », c'est triste et tendre à la fois, bourré d'humanité.

▶ ***Vous habitez en ville et vous peignez la campagne, pourquoi ne pas avoir fait le même choix que Baudelaire ?***

Parce que je peins en fermant un peu les yeux. Je vois que la terre est bleue comme une orange et que c'est de là que je viens, de la terre, du paysage bleu de gris du Nord de la France. Parce qu'aussi je cherche à représenter l'espace vide plutôt que le plein, sans doute en miroir avec l'espace plein de la ville dans lequel je vis et qui me plaît.

▶ ***Que signifie peindre la ville aujourd'hui, quelles sont les nouvelles techniques à disposition ?***

C'est difficile de répondre à cette question, d'autant que je ne suis pas un « peintre de la ville ». Il y a eu dans les années soixante-dix, quatre-vingt, le graffiti (le graphe, la trace comme revendication de l'existence, du passage). Il y aujourd'hui le *street art*, typiquement catalogué comme peinture de la ville mais pour être exact c'est plutôt une peinture dans la ville, c'est une question de support, le mur, la palissade, le bitume. Cependant, ce ne sont pas des peintres qui apportent une vision ou une réflexion sur la ville. On ne voit pas le travail sur l'espace, la couleur, les profondeurs, et tout le matériel « iconographique » de la ville comme les panneaux, le langage des couleurs propres à la ville (rouge interdit, vert permis, rouge pompier, noir police…). Voilà, peindre la ville serait s'atteler à peindre le vaste répertoire des couleurs qui sont devenues par la force de l'institution un langage commun et savoir en restituer une belle émotion dans un tableau. C'est ce que fait, à mon sens Gérard Fromanger de façon figurative et de façon plus abstraite, Jacques Villeglé avec les coupures d'affiches. Certaines peintures de Hopper évoquent aussi toutes ces choses, mais de manière plus métaphysique !

François Lemaire, *Au ponton*, huile sur toile, 100 × 100 cm, 2012.

Lire

- **Charles Baudelaire, *Petits poèmes en prose*, 1869**

Ce recueil constitue l'aboutissement du travail poétique sur la ville, engagé dans Tableaux parisiens. *La prose remplace le vers.*

- **Edgar Allan Poe *Histoires extraordinaires*, trad. Ch. Baudelaire, 1869**

Fasciné par l'auteur américain en qui il perçoit un double de lui-même, Baudelaire traducteur n'aura de cesse que de le faire connaître à ses contemporains.

- **Henri Calet, *De ma lucarne*, 1945-1955**

De ma lucarne *est un recueil composé de chroniques parues dans la presse entre 1945 et 1955. Elles mettent en mots le Paris populaire du début du XXe siècle.*

- **Gustave Flaubert, *Madame Bovary*, 1856**

L'autre ouvrage condamné en 1857 ! Sa lecture permet de comprendre la spécificité d'écrivains comme Flaubert ou Baudelaire qui proposent un regard sur le monde, dérangeant parce que novateur. Madame Bovary *est un roman qui se déroule dans une ville de province et qui raconte le destin fatal d'une jeune femme confrontée au réel décevant.*

- **Arthur Rimbaud, *Illuminations*, 1886**

Rimbaud revendique la filiation baudelairienne dans bon nombre de ses poèmes. Illuminations, *notamment, s'emparent du thème de la ville.*

Voir

PHOTOGRAPHIES

Les photographes de Paris et de ses habitants sont nombreux. Au XIXe et au XXe siècles, les plus emblématiques sont :

- **Eugène Nadar (1820-1910)**

Photographe spécialisé dans le portrait des hommes célèbres, on lui doit un portrait de Baudelaire.

- **Étienne Carjat (1828-1906)**

Portraitiste. On lui doit le célèbre portrait de Rimbaud.

- **Eugène Atget (1857-1927)**

Photographe des rues de Paris à la fin du XIXe siècle.

- **Robert Doisneau (1912-1994) et Willy Ronis (1910-2009)**

Photographes du Paris de l'après-guerre, ils font partie du courant de la photographie humaniste.

Arts plastiques

Trois artistes plasticiens contemporains qui utilisent le milieu urbain comme inspiration et/ou support de création :

- **Gérard Fromanger (né en 1939)**

Cet artiste travaille des photos par superpositions.

- **Jacques Villeglé (né en 1926)**

Il utilise la technique du « décollage » d'affiches.

- **Miss-Tic (née en 1956)**

Cette poétesse de l'art urbain réalise des graffitis sur les murs.

Films

La magie picturale et poétique de Paris se transforme avec l'invention du cinéma : c'est la ville la plus filmée au monde.

- **Marcel Carné, *Hôtel du Nord*, 1938**
- **François Truffaut, *Les quatre cents Coups*, 1959**
- **Léos Carax, *Les Amants du Pont-neuf*, 1991**
- **Jean-Pierre Jeunet, *Le Fabuleux Destin d'Amélie Poulain*, 2001**

Table des illustrations

Couverture : Fausto Giusto (1867-1941), *Vue des grands boulevards*, huile sur toile, 1900, coll. part., © Photo Josse/Leemage.
4 : Charles Baudelaire, photographie d'Étienne Carjat, vers 1861, Archives photographiques, Paris, BIS/Archives Larbor.
6 et 44 : RMN-Grand Palais/Agence Bulloz.
8 et 41 : RMN-Grand Palais (musée d'Orsay)/Hervé Lewandowski.
11 : Projet de frontispice des *Fleurs du Mal* par Félix-Henri Bracquemont. BIS/Coll. Archives Nathan.
14 : RMN-Grand Palais (musée d'Orsay)/Adrien Didierjean.
24 : BIS/© Archives Nathan.
25 : BIS/Ph. Rocco Pedicioni © Archives Larbor.
33 : BIS/Col. Archives Nathan.
35 : Artothek-Christie's/LA COLLECTION.
41 : RMN-Grand Palais (musée d'Orsay)/Hervé Lewandowski.
43 : Constantin Guys (1802-1892), *Femme (courtisane)*, musée Carnavalet, Paris, BIS/Ph. Jeanbor © Archives Larbor.
44 : RMN-Grand Palais/Agence Bulloz.
49 : © René-Jacques/BHVP/Roger-Viollet.
56 : BNF, Paris.
57 : Archivo L.A.R.A/PLANETA.
58 : BNF, Paris.
61 : TopFoto/Roger-Viollet.
73 : BIS/Ph. Coll. Archives Bordas.
82 : BIS/Ph. Coll. Archives Larbor
88 : François Poivret/Banque d'images de l'ADAGP © ADAGP, Paris 2015.
89 : D.R.
91 : D.R.

I et 75 : RMN-Grand Palais (musée du Louvre)/Michel Urtado
II et 75 : BIS/Ph. Coll. Archives Larbor.
III et 75 : Maison de Balzac/Roger-Viollet.
IV et 75 : BIS/Ph. Jeanbor © Archives Larbor.

Conception graphique : Julie Lannes
Design de couverture : Denis Hoch
Recherche iconographique : Gaëlle Mary, Claire Balladur
Mise en page : STDI
Édition : Valérie Antoni

COLLÈGE

73. **Balzac**, *Adieu*
84 **Boccace**, *Le Décaméron*
65 **Bédier**, *Tristan et Iseut*
74 **Chrétien de Troyes**, *Yvain, le Chevalier au lion*
51 **Courteline**, *Le gendarme est sans pitié*
38 **Dumas**, *Les Frères corses*
71 **Feydeau**, *Un fil à la patte*
67 **Gautier**, *La Morte amoureuse*
1 **Homère**, *L'Odyssée*
80 **Hugo**, *Claude Gueux*
83 **Hugo**, *Cosette, une enfance malheureuse*
29 **Hugo**, *Le Dernier Jour d'un condamné*
2 **La Fontaine**, *Le Loup dans les Fables*
3 **Leprince de Beaumont**, *La Belle et la Bête*
91 **London**, *Nouvelles du Grand Nord*
10 **Maupassant**, *Boule de suif*
26 **Maupassant**, *La Folie dans les nouvelles fantastiques*
43 **Maupassant**, *Quatre nouvelles normandes* (anthologie)
62 **Mérimée**, *Carmen*
11 **Mérimée**, *La Vénus d'Ille*
68 **Molière**, *George Dandin*
7 **Molière**, *L'Avare*
23 **Molière**, *Le Bourgeois gentilhomme*
76 **Molière**, *L'École des femmes*
58 **Molière**, *Le Malade imaginaire*
70 **Molière**, *Le Médecin malgré lui*
52 **Molière**, *Le Sicilien*
36 **Molière**, *Les Fourberies de Scapin*
6 **Nicodème**, *Wiggins et le perroquet muet*
21 **Noguès**, *Le Faucon déniché*
59 **Perrault**, *Trois contes* (anthologie)
8 **Pouchkine**, *La Dame de pique*
39 **Rostand**, *Cyrano de Bergerac*
90 **Shakespeare**, *Roméo et Juliette*
24 **Simenon**, *L'Affaire Saint-Fiacre*
9 **Stevenson**, *Le Cas étrange du Dr Jekyll et de M. Hyde*
54 **Tolstoï**, *Enfance*
61 **Verne**, *Un hivernage dans les glaces*
25 **Voltaire**, *Le Monde comme il va*
87 **Zola**, *Amour et mariage au XIXe siècle*
53 **Zola**, *Nantas*
42 **Zweig**, *Le Joueur d'échecs*
4 *La Farce du cuvier* (anonyme)
37 *Le Roman de Renart* (anonyme)
81 *Anthologie du slam*
5 *Quatre fabliaux du Moyen Âge* (anthologie)
41 *Les Textes fondateurs* (anthologie)
22 *Trois contes sur la curiosité* (anthologie)
44 *Quatre contes de sorcières* (anthologie)
27 *Quatre nouvelles réalistes sur l'argent* (anthologie)
64 *Ali Baba et les quarante voleurs*
86 *Lettres de poilus 1914-1918* (anthologie)

LYCÉE

85 **Apollinaire**, *Alcools*
33 **Balzac**, *Gobseck*
60 **Balzac**, *L'Auberge rouge*
47 **Balzac**, *La Duchesse de Langeais*
18 **Balzac**, *Le Chef-d'œuvre inconnu*
72 **Balzac**, *Pierre Grassou*
32 **Beaumarchais**, *Le Mariage de Figaro*
20 **Corneille**, *Le Cid*
78 **Corneille**, *Médée*
56 **Flaubert**, *Un cœur simple*
92 **Giraudoux**, *La guerre de Troie n'aura pas lieu*
77 **Hugo**, *Pauca Meae*
49 **Hugo**, *Ruy Blas*
57 **Marivaux**, *Les Acteurs de bonne foi*
48 **Marivaux**, *L'Île des esclaves*
19 **Maupassant**, *La Maison Tellier*
69 **Maupassant**, *Une Partie de campagne*
55 **Molière**, *Amphitryon*
15 **Molière**, *Dom Juan*
79 **Molière**, *Le Misanthrope*
35 **Molière**, *Le Tartuffe*
63 **Musset**, *Les Caprices de Marianne*
14 **Musset**, *On ne badine pas avec l'amour*
46 **Racine**, *Andromaque*
66 **Racine**, *Britannicus*
30 **Racine**, *Phèdre*
13 **Rimbaud**, *Illuminations*
50 **Verlaine**, *Fêtes galantes, Romances sans paroles*
45 **Voltaire**, *Candide*
17 **Voltaire**, *Micromégas*
88 **Voltaire**, *Zadig*
31 *L'Encyclopédie* (anthologie)
75 *L'Homme en débat au XVIIIe siècle* (anthologie)
82 *Nouvelles réalistes et naturalistes*

BTS

89 *Ces objets qui nous envahissent : objets cultes, culte des objets* (anthologie)

MIXTE
Papier issu de sources responsables
FSC® C022030
www.fsc.org

N° édition : 10237470 - Dépôt légal : juin 2017
Imprimé en France par la Nouvelle Imprimerie Laballery - N° 705330

La Nouvelle Imprimerie Laballery est titulaire de la marque Imprim'Vert®